O TEATRO DA MENTE
Uma filosofia do cosmo e da vida

O TEATRO DA MENTE
Uma filosofia do cosmo e da vida

Henryk Skolimowski

Tradução
Marly Winckler

EDITORA TEOSÓFICA
Brasília-DF

Título do Original em Inglês
The Teatre of the Mind
1984, The Theosophical Publishing House (Quest Books)
Wheaton, Illinois, U.S.A.

Direitos Reservados à
EDITORA TEOSÓFICA, Sociedade Civil
SGAS — Quadra 603 — Módulo 20
70.200-630 — Brasília-DF — Brasil
Tel.: (061) 322-7843
Fax: (061) 226-3703

S 629	Skolimowski, Henryk O Teatro da Mente (Uma filosofia do cosmo e da vida) Brasília, 1995 ISBN 85-85961-03-1 1. Filosofia — palestras, ensaios. 2. Evolução — palestras, ensaios 3. Teosofia — palestras, ensaios CDD 180

Capa
Silvio Ferigatto
Composição/Diagramação
João Batista Martins da Silva e
Reginaldo Alves de Araújo
Equipe de Revisão
Carlos Cardoso Aveline;
Cristina Schumacher;
Regina Vitória Ruzzante e
Zeneida Cereja da Silva.

AGRADECIMENTOS

Meus sinceros agradecimentos a Maurice Ash e ao Conselho de Dartington por sua franca generosidade ao aprovar minha estada em Dartington, onde estas iluminações foram escritas; à Fundação Findhorn, que me convidou para dirigir uma série de seminários sobre a evolução, e assim fez com que eu pensasse de modo mais amplo; também a Margaret Callaway por sua valiosa assistência como secretária e por outras formas de ajuda; e a Shirley Nicholson por sua excelente orientação editorial.

O Autor.

SUMÁRIO

Nota da Edição Brasileira... 9

Introdução: Uma História Pessoal............................ 11

1 — Sensibilidades, Nossas Janelas para o Mundo......... 37

2 — Ciência e Evolução.. 47

3 — Mapeando as Teorias da Evolução......................... 53

4 — Sobre a Correta Compreensão............................... 59

5 — Teilhard e Soleri.. 61

6 — Misticismo Racional.. 73

7 — Fé... 79

8 — Intuição.. 83

9 — O Natural e o Sobrenatural................................... 87

10 — Sri Aurobindo e Auroville.................................... 91

11 — Pensamento Reverente... 97

12 — A Linguagem Como Transcendência..................... 101

13 — A Linguagem do Ser.. 105

14 — A Totalidade, Hipócrates e a Filosofia Antiga........ 109

15 — Cultura e Natureza... 119

16 — Sobre Mentes e Pombos 125

17 — A Mente no Universo do Vir-a-ser 135

18 — Prigogine e a Dialética: Superando a Entropia 147

19 — Responsabilidade 155

20 — Educação e Autolobotomia 163

21 — Sobre a Imaginação Secular e Transcendental 167

22 — A Herança de Prometeu 175

23 — Monod e a Objetividade 179

24 — As Leis Cósmicas 185

25 — Sobre Platão, Kant e a Nova Unidade Cosmológica ... 189

26 — Glória à Evolução 201

NOTA DA EDIÇÃO BRASILEIRA

Este livro desafiante expressa o drama de nosso eterno avanço do instinto em direção à intuição. Filósofo de renome internacional, Henryk Skolimowski revê e reformula nestas páginas as bases da visão de mundo dominante entre nós durante os últimos séculos. Para ele, *os horizontes humanos estão sempre se abrindo para abarcar o cosmo*, e "o drama da nossa vida futura está sendo encenado agora no teatro de nossas mentes".

Skolimowski escreve em tom polêmico e às vezes irreverente, a partir de um compromisso individual e cósmico com a vida em todas as suas dimensões. A Editora Teosófica tem a honra de oferecer ao leitor brasileiro esta obra marcante e valiosa, que — sem representar necessariamente os nossos pontos de vista em cada detalhe — coloca em discussão uma teoria ecológica da mente e uma nova cosmologia, voltadas para uma percepção sempre mais complexa e abrangente da evolução.

Brasília, 30 de outubro de 1995.

Os Editores.

Introdução

Uma História Pessoal

O OXIGÊNIO VITAL DA FILOSOFIA

Por que alguém iria interessar-se por filosofia nos dias de hoje? Porque sem filosofia tornamo-nos inválidos. A filosofia é como o ar. Precisamos dele para respirar. Nosso ar pode ser puro ou contaminado. Mas precisamos respirar todo o tempo. A filosofia é uma espécie de oxigênio que sustenta todo nosso pensamento. Sempre temos um certo tipo de filosofia como suporte principal, quer saibamos disso ou não. Nos dias de hoje, infelizmente, é, muitas vezes, uma filosofia frustrante, indiferente aos propósitos da vida e, não raro, sustentando a idéia da vida como uma luta cruel pela sobrevivência do imperfeito.

O apelo por uma nova filosofia é, na verdade, o apelo por uma nova base de nossa existência, um novo ar que possamos respirar não através de nossos pulmões, mas através de nossas mentes, corações e almas. Isso é o que tem sempre sido a grande filosofia: um oxigênio vital para nossas mentes e corações, que torna vivas as nossas almas.

O corpo principal deste livro é constituído de pequenos ensaios, aos quais denomino "iluminações"[1]. Espero que o conteúdo desses ensaios esteja à altura da minha reivindicação ao chamá-los iluminações evolucionárias. Cada um deles é curto e sucinto, sem ser, assim espero, dogmático. Es-

---

[1] No original em inglês, *illuminations*. A palavra significa um esclarecimento interior e transcendente, especialmente de natureza espiritual. (N. ed. bras.)

colhi a brevidade na expressão de modo a evitar a verbosidade pomposa, característica de muitas discussões atuais, que ridicularizam o argumento e não chegam a conclusão alguma. Estamos apenas vagamente inteirados dos mistérios da mente humana e não sabemos ao certo se ela compreende melhor argumentos discursivos prolixos ou se é mais atraída por agudas expressões poéticas que, de forma extraordinária, transmitem a essência. No presente volume optei pela concisão.

Em certo sentido, procurei escrever uma série de *Upanishads* para nossa época. *Upanishads* são aquelas histórias hindus imortais que tratam da condição humana e cósmica do modo mais sublime. Isso não significa dizer que quis escrever histórias imortais. Ao invés disso, busquei abordar as grandes questões humanas e cósmicas que estão presentes em cada um de nós; busquei dar-lhes expressão em nossa linguagem e vê-las refletidas através de nossos problemas e dilemas.

Antes de apresentar minhas iluminações, gostaria de dividir com o leitor a história de minha busca filosófica: onde estive, o que encontrei ou não encontrei; por que as filosofias do passado são deficientes e não têm mais conserto; e também porque precisamos de uma nova filosofia para não renunciarmos à mais preciosa herança da raça humana. Os livros são escritos por pessoas reais, mas temos freqüentemente a impressão de que são escritos por mentes sem corpo. Nossa história pessoal é nossa mente. Procurei reconstruir as vicissitudes de minha mente para permitir que o leitor compartilhe as fontes de minha inspiração e as causas de minhas angústias.

DE VARSÓVIA PARA OXFORD E LOS ANGELES

Talvez não seja possível deduzir, a partir das iluminações, que sou um produto de quatro culturas e pelo menos três sistemas diferentes de pensamento. Nascido na Polônia, no período anterior à guerra, experimentei, nos primeiros nove anos de minha vida, a perfeita vida burguesa comum em Varsóvia. Veio, então, o cataclismo — a guerra de 1939, seguida pelos horrores da ocupação alemã. Surgiu uma cultura diferente, a cultura da sobrevivência, do heroísmo, da cooperação, da confiança mútua frente à ocupação maligna. Aprendi que há circunstâncias em que é necessário lutar em condições muito desfavoráveis, em que as nossas chances parecem ser nulas. Devemos lutar mesmo quando a própria vida está em risco. Tal era o imperativo da vida durante aqueles anos sob a ocupação germânica. O heroísmo era uma forma de transcender as condições degradantes de vida. O lema implícito era: se não nos deixam viver com dignidade, podemos, pelo menos, morrer com dignidade, lutando contra eles. Assim, aos doze anos ingressei na Resistência, distribuindo panfletos às escondidas, sob os olhos dos alemães. Aos quatorze, fiz parte do levante de Varsóvia de 1944. Muitas pessoas, em especial nos Estados Unidos, pensam que houve apenas um levante em Varsóvia, o levante judeu, em 1943. Em verdade, testemunhamos, no outro lado de Varsóvia, o heroísmo dos judeus e vimos o gueto ser sistematicamente queimado e destruído, bairro por bairro, com o pleno conhecimento de que hoje eram os judeus, amanhã seríamos nós. E assim foi um ano mais tarde. Durante o levante de 1944, foram mortas cerca de 250.000 pessoas e 85 por cento da cidade tornaram-se ruínas e cinzas. Como foi possível sobreviver, não se sabe. Não se pensa obsessivamente na sobrevivência. Quando as pessoas morrem à sua volta, torna-se natural pensar que a próxima vez pode ser a sua. A covardia não conta nessas circunstâncias. É preciso estar em pé e ser mais um, mesmo se você é um menino de quatorze anos.

As experiências da guerra ajudam a adquirir um certo distanciamento da vida. Quando sua família perde duas vezes tudo que possui, inclusive a casa em que vive, e você se sente com sorte por ter escapado com vida, não é muito provável que se pense em posses e segurança material como tudo o que há de importante na vida. Você sabe que a segurança material não é segurança de modo algum.

Um fato ainda mais importante: quando você vê pessoas morrendo diariamente nas ruas em defesa de sua dignidade e liberdade, você experimenta situações-limites na vida; dessa forma, não é provável que, em idade mais avançada, você se deixe levar pela maré dominante e ceda interminavelmente à lógica das conveniências. Tampouco é provável que seja enganado por argumentos tais como "não ponha em risco a boa ordem". Em suma, naqueles sombrios dias da ocupação alemã foram lançados os fundamentos de minha não-conformidade; e nasceu a convicção de que é preciso seguir em frente, buscando e lutando, a fim de agir de acordo com a parte mais nobre da condição humana em nós.

Aos vinte anos de idade, estava bastante influenciado pela filosofia moral estóica. O estoicismo era a resposta correta às circunstâncias caóticas do início dos anos cinqüenta na Polônia. Em certa época, eu sabia de cor todo o pequeno tratado moral de Epíteto (O Manual). Devo ter sentido grande afinidade moral com ele. Sinto que, de alguma maneira, os ensinamentos morais do estoicismo acompanharam-me por toda a vida.

Em seguida, outra "cultura", na forma do marxismo, foi imposta à Polônia, primeiro de modo suave, em 1945, depois brutalmente, em 1950. Aqueles tempos eram um grande espetáculo. Em certo sentido, era como viver em um teatro, o teatro do absurdo, deveria acrescentar-se. Era, de um modo geral, uma realidade de faz-de-conta. Em função de algum futuro grandioso e estupendo, no qual a sociedade sem classes fluiria em seu curso idílico e no qual todos estariam felizes e satisfeitos, ocorria, em escala gigantesca, uma distorção sistemática da verdade. As pessoas fingiam acreditar no que lhes era dito e, no entanto, não acreditavam. Porém, tendo sido continuamente submetidas a tais mecanismos por muito tempo, as pessoas, afinal, não sabiam se acreditavam ou não. A situação tornou-se ainda mais obscura pela insistência intermitente de que o presente não era importante. Importante era o distante e estupendo futuro.

Éramos inteiramente céticos em relação a toda ideologia absurda que nos era imposta na forma dos vários dogmas marxistas. Seria um erro, contudo, dizer que todo o marxismo era rejeitado como lixo sem valor. A despeito de suas brutalidades e limitações, havia ali um cerne de idealismo irresistível para muitos. Assim, o marxismo tornou-se, quiçá apenas inconscientemente, um desafio à nossa imaginação e um chamado aos grandes ideais que clamavam por nossa atenção e altruísmo. É por essa razão que o marxismo seduziu a tantos. Os amplos ideais a ele subjacentes, ainda que distorcidos, davam-nos uma idéia de responsabilidade para com a história e o futuro. Em última análise, aqueles amplos ideais convenceram muitos de que ter uma missão não é algo tolo, mas sim, nobre. Dessa maneira, foi-me inculcado o sentido de apreciação da história e o da responsabilidade em relação ao futuro. Guardo isso como um *souvenir* — uma lembrança da cultura marxista dos anos cinqüenta.

Veio então o interlúdio de Oxford, quando me tornei um membro do *St. Antony College* para escrever uma dissertação de doutorado em filosofia. Em 1959, quando cheguei pela primeira vez a Oxford, a filosofia lingüística estava em seu ápice. A crença no fato de que Oxford era a meca da filosofia difundia-se por toda a parte.

A mística de Oxford sempre foi grande. No final dos anos cinqüenta, essa noção estava exacerbada. Sentia-se no ar a convicção de que a verdadeira revolução na filosofia havia sido completada e de que éramos seus herdeiros. Eu vinha de uma formação em filosofia analítica da Polônia e, quando comparei suas descobertas com as da Escola de Oxford, não consegui ver por que essa escola era considerada tão superior. O interessante é que lá ninguém é tratado como uma pessoa especial, o que dirá como um grande homem. Em um lugar onde todos são alguém, ninguém é coisa alguma. Escrever uma dissertação em outra língua é bastante difícil. Escrevê-la para satisfazer as fastidiosas exigências de Oxford, especialmente em filosofia, era quase uma provação. Mas era preciso encarar a tarefa. Não desejava retornar ao absurdo ideológico do marxismo na Polônia. Nos anos 60, a situação estava se deteriorando lentamente, e, em meu país, o clima como um todo tornava-se cada vez mais opressivo.

A lição de Oxford era mais perturbadora do que iluminativa. Aprendi que, se nos expressarmos com confiança e deslumbrarmos os demais, podemos fazer com que sejam aceitos todos os tipos de disparates, ainda que nossos próprios fundamentos sejam vacilantes.

A outra lição aprendida em Oxford foi que a filosofia lingüística e analítica era de fato pobre e, em certo sentido, tola. Tornava-se aos poucos claro para mim que a filosofia ocidental encontrava-se em um beco sem saída. Senti muito fortemente que algo estava errado com um empreendimento que no início prometia tanto, mas que, com o passar do tempo, terminava não cumprindo sua promessa.

Meu tempo na Inglaterra não foi todo frustração e desilusão. Longe disso. Foi um excitante período de descoberta. Uma das descobertas foi Karl Popper e sua filosofia, que discutirei mais tarde.

Em 1964, depois de Oxford, fui lecionar na Universidade do sul da Califórnia, em Los Angeles. Foi um choque cultural. Com efeito, encontrei-me em uma cultura bastante diferente, ainda que a língua e o sistema de valores fossem aparentemente os mesmos da Inglaterra. Descreverei o impacto dessa nova cultura quando discorrer sobre as mudanças que se processaram em meu pensamento no final dos anos sessenta.

DE PLATÃO À FILOSOFIA LINGÜÍSTICA E À FILOSOFIA DA TECNOLOGIA.

Até aqui fiz um relato sobre as culturas que influenciaram minha formação; tratarei agora da contextura deste livro, depois de algumas palavras sobre os sistemas de pensamento que conformaram minha imaginação e meus horizontes e que se encontram inseridos nestas páginas.

O primeiro sistema foi o platônico. No final da minha adolescência, eu lia, com avidez, toda a grande literatura do mundo. Em dado momento deparei-me com Platão. No início, lia-o como um poeta e um escritor. Contudo, fui gradualmente absorvido e fascinado por sua mente maravilhosa. Seus discursos sobre a importância da forma como modeladora de todas as coisas pareciam-se, às vezes, com ficção. Mas que ficção maravilhosa e fascinante! Ela de fato *explicava* tudo. Tornei-me filósofo através de Platão. Até hoje, não sei se sua filosofia é uma grande e fantástica ficção — a ficção mais grandiosa jamais escrita para impressionar e dominar a imaginação humana — ou se é uma tentativa de descrever a realidade em profundidade. O filósofo em mim levou longo tempo para emergir. Antes disso acontecer, vaguei por outras avenidas da vida. Mas o sorriso enigmático de Platão esteve sempre comigo.

Em 1950, entrei para o Departamento de Geodésia no Instituto de Tecnologia de Varsóvia, ao invés de ir estudar filosofia na Universidade de Varsóvia. A razão era simples: queria estudar filosofia e não a história do partido bolchevique e outros ensinamentcs marxistas. Foi nos primeiros meses de 1950 que ocorreu a ocupação marxista. Para evitar o absurdo ideológico, decidi estudar engenharia. "Equações não explodem", disse Bertrand Russell. Disse a mim mesmo que a engenharia não podia ser um tema sujeito à manipulação ideológica. Assim, passei cinco anos e meio no Instituto de Tecnologia de Varsóvia, obtendo dois diplomas no decurso deste processo. Além disso, ministrei cursos sobre levantamento topográfico, no mesmo Instituto, por mais cinco anos. O estudo de engenharia era difícil para mim, pois ia contra minha natureza. Mas aquele era um período difícil para todos. Meus estudos de engenharia foram úteis anos mais tarde quando comecei fazer a crítica da tecnologia e de toda a civilização ocidental. Em razão de ser engenheiro, minha credibilidade era maior, e meus argumentos eram levados em maior consideração do que os de outros que não haviam passado pelo treinamento intenso de uma educação científico-tecnológica.

Depois da morte de Stalin, em 1953, a situação começou a melhorar na Polônia. Freqüentei palestras e seminários na Universidade de Varsóvia, no Departamento de filosofia, proferidas principalmente por filósofos "pré-guerra" que estavam anteriormente no índex dos proibidos. Logo me aliei a Tadeusz Kotarbinski, que era um grande pensador, reconhecido em todo o mundo por suas realizações no campo da filosofia e era também a consciência moral da Polônia. Sob sua influência, minha devoção a Platão começou a esvanecer. A filosofia de Kotarbinski era de um tipo totalmente diferente, minuciosa, lógica, analítica, preocupada sobretudo com questões de semântica altamente sofisticadas. Além disso, era uma forma de materialismo, ainda que de uma variedade semântica muito refinada. A doutrina era chamada de *concretismo* ou *pansomatismo*, uma vez que apenas corpos físicos eram reconhecidos como objetos primários do universo ontológico e conceitual que nos interessava.[2]

É estranho como nossas mentes são maleáveis. Nós, os pupilos e seguidores de Kotarbinski, formávamos um distinto grupo de várias predileções filosóficas e com diferentes

---

[2] Para uma descrição detalhada da filosofia de Kotarbinski e de toda a escola analítica polonesa, veja: H.Skolimowski, *Polish Analytical Philosophy* (Filosofia Analítica Polonesa). Routledge and Kegan Paul, 1967. (N.A.)

temperamentos. Ainda assim, todos aceitávamos suas doutrinas, não porque elas nos tivessem cativado imediatamente como verdadeiras ou iluminativas, mas em face da autoridade moral de nosso professor. Ali estava um homem reconhecido em toda a Europa por suas descobertas filosóficas e reconhecido na Polônia, sobretudo, como um homem de impecável autoridade moral. Uma vez que sua filosofia representava as descobertas mais refinadas do pensamento humano da época, quem éramos nós, seus pupilos, para questioná-lo? Portanto, submetemo-nos. Ainda que relute em dizer, era uma submissão à autoridade, não à verdade ou à voz interior. Essa forma de submissão à autoridade analítica dos mestres é ainda operante nas universidades anglo-saxônicas, produzindo devastação moral e humana como conseqüência. As mentes dos estudantes tornam-se tão afiadas quanto navalhas, mas seus horizontes humanos podem ser tão limitados quanto os de um tolo qualquer.

O fruto de meus estudos com Kotarbinski foi um título de mestre em lógica, concedido através de uma tese em filosofia da matemática e, naturalmente, através de um conhecimento abrangente da linguagem e da problemática da filosofia analítica. Uma vez que Kotarbinski era conhecido no Ocidente, tive menos dificuldade em conseguir uma matrícula em Oxford do que o teria de outra maneira, vindo de um país comunista. Fui um dos primeiros pesquisadores da Polônia a ir até lá, e a curiosidade entre os britânicos sobre a vida em meu país era considerável, fato que contrastou com a América. Quando cheguei aos Estados Unidos, em 1964, as pessoas pareciam saber melhor do que eu o que estava acontecendo na Polônia; tinham seus estereótipos controlando eficientemente suas mentes. Choquei-me mais de uma vez com o fato de que a cultura americana é muito mais estereotipada do que a européia, resultado dos meios de comunicação de massa.

Como mencionei antes, não estava impressionado com as descobertas da filosofia analítica em Oxford. Cansado de sua aridez, mudei-me para Londres, no final de minha estadia na Inglaterra, e comecei a participar dos seminários de Karl Popper, na Faculdade de Economia de Londres.

Os seminários de Popper e sua filosofia significaram uma maravilhosa libertação da estreiteza, e mesmo do tédio, das investigações analíticas. Mais que isso, ali estava um homem capaz de *pensar* sob nossos próprios olhos. Experimentei anteriormente a excitação de presenciar a filosofia ser criada diante de mim em Varsóvia, com Kotarbinski e Ajdukiewicz, mas não em Oxford. A capacidade de Popper de pensar implacavelmente trazia algumas conseqüências indesejáveis, notadamente quando prosseguia pensando sem ter base suficiente em conhecimento.

Entretanto, permanece o fato de que, quanto a poder de idéias, Popper não perdia para ninguém e ele encorajava o espírito de investigação nos outros. O ambiente era intenso e criativo, com faíscas saltando para todos os lados. A filosofia era levada a sério. Ao fazer filosofia, estava-se fazendo algo importante. O livro de Thomas Kuhn *The Structure of Scientific Revolutions* (A Estrutura das Revoluções Científicas) é universalmente aclamado como uma ruptura. Mas Popper é que foi uma verdadeira ruptura. Kuhn apenas continuou e refinou a linguagem. Em certo sentido, Kuhn roubou a glória que era devida a Popper.

A filosofia de Popper é uma forma de realismo crítico. O papel da crítica foi elevado a uma posição quase sublime e sagrada. Toda atividade intelectual era vista como um processo de tentativa e erro, no qual a crítica inexorável de todas as posições era de importância fundamental. Sobretudo, a filosofia de Popper era uma filosofia da ciência que também provia as regras da práxis da ciência — como fazer ciência de modo a alcançar resultados novos e originais. Ao mesmo tempo, a ciência era considerada como o pináculo das realizações humanas, a conquista mais importante da mente.

Como se inicia um esforço intelectual? Lança-se uma conjectura (que pode ser inspirada por qualquer coisa, não há fontes privilegiadas de conhecimento), que é chamada de Teoria Tentativa (TT1). Então, segue-se uma crítica inexorável de sua própria teoria, que é o processo de Eliminação do Erro (EE), de forma que se pode assim chegar a uma teoria aperfeiçoada, TT2, como resultado. O esquema completo é o seguinte: TT1 → EE → TT2. A força do esquema de Popper na reconstrução da história da ciência e na própria prática da ciência é indubitável. Além disso, iniciando com muito poucos e simples *insights*, Popper foi capaz de desenvolver toda uma nova epistemologia — veja em especial seu *Conjectures and Refutations* (Conjecturas e Refutações), de 1963.

Entretanto, quando se colocam questões mais amplas e profundas, tais como o que essa filosofia tem a dizer sobre a condição humana, sobre a sociedade, sobre as questões religiosas e espirituais que têm obcecado a mente humana desde tempos imemoriais, observa-se um curioso mutismo na filosofia de Popper, pois essa filosofia é outra versão do racionalismo do século XX, outra reconstrução cognitiva do mundo, sobretudo através dos instrumentos conceituais da ciência, histórica e dialeticamente reformulados.

Em todas essas reconstruções puramente cognitivas e racionais, a totalidade do homem é reduzida a seu neo-córtex, a seu intelecto, ao produto de sua mente abstrata. Popper deu um grande passo adiante. Em comparação com o positivismo lógico, sua filosofia dialética e não-fechada significa libertação. Contudo, o molde cognitivo rígido ao qual ele pretendia restringir toda a filosofia por fim tornou sua filosofia de valor limitado em face dos problemas mais abrangentes da vida. Anos mais tarde, vim a considerar frustrante a filosofia de Popper. Em meados dos anos 60, contudo, Popper foi um inspirador antídoto em relação à filosofia analítica.

Ao aplicar o programa metodológico de Popper, libertei-me, em um primeiro momento, do confinamento estreito da filosofia analítica e, mais tarde, dos dogmas da filosofia do próprio Popper. Isso veio a acontecer nos Estados Unidos, quando compreendi que a ciência pode ser a força intelectual mais poderosa que possuímos enquanto sociedade. Observei, contudo, que era a tecnologia que estava determinando o curso da sociedade e, em certo sentido, conformando o destino humano. Minha filosofia da ciência tornou-se filosofia da tecnologia. Mas, então, a tecnologia não podia ser confinada à esfera cognitiva. Ela precisava ser vista como uma força social e também como um determinante de nossas existências individuais. Minha filosofia da tecnologia ampliou-se para tornar-se também filosofia do homem e da cultura. Compreendi, igualmente, que não era suficiente analisar os defeitos da tradição intelectual ocidental, em especial dos tempos pós-renascentistas, e pesquisar incessantemente para encontrar "onde erramos". Fazia-se necessário ir além da crítica, além da catalogação dos defeitos da mente e da cultura ocidental. Era preciso seguir em frente e desenvolver uma nova filosofia, uma cosmologia alternativa. Sem que me apercebesse, era isto o que estava fazendo nos anos 70 nos Estados Unidos.

OBSERVANDO FISSURAS NA CULTURA OCIDENTAL

Cheguei em Los Angeles no outono de 1964 para lecionar na Universidade do sul da Califórnia. O choque da transição de Oxford para Los Angeles foi pelo menos tão grande quanto o de Varsóvia para Oxford. O ano de 1964 marcou o crepúsculo da era Kennedy. O tipo certo de otimismo ainda prevalecia, e as pessoas eram inspiradas por idéias mais amplas. A era da prosperidade universal parecia estar próxima. A euforia tecnológica era elevada.

Enquanto os tecnocratas otimistas faziam todo o tipo de predições bombásticas e dogmáticas sobre o futuro, tomava forma uma revolução moral que viria a agitar o mundo. Foi precedida por uma profunda recessão econômica em 1967, quando, ao mesmo tempo, outro processo angustiante desenrolava-se: a guerra do Vietnã, que deixaria profundas cicatrizes na psique da nação. O desencanto gradual com as conseqüências da guerra transformou-se em desespero e sentimentos de horror.

Veio, então, a revolução dos filhos da flor em 1967/68. Houve um efeito eletrizante quando meninas de quinze, dezesseis ou dezessete anos ofereciam uma simples flor e um sorriso. Existia uma beleza inerente à ação. Sentíamos, dentro de nós, que estavam-nos dizendo algo significativo de um modo simbólico. As cordas mais profundas de nosso eu interior reverberavam.

Veio, então, a revolução *hippie*. Os *hippies* não eram tão simbólicos. Eram explícitos, algumas vezes brutalmente, ao condenarem o *status quo* e toda a sociedade por sua podridão moral, sua hipocrisia, por terem gerado um mundo de alienação sem precedentes, por sua total incapacidade de viver o que pregavam, ou seja, uma vida feliz e plena. Questionavam sem descanso: "o que aconteceu de errado?" Ninguém possuía respostas satisfatórias nessa época. Não nos iludamos: o desafio fundamental à herança da civilização pós-renascentista ocidental, proposto no final dos anos 60, permanece ainda sem resposta.

Morava próximo à agitação que se processava em torno do *Sunset Boulevard*, onde se agitavam e planejavam as coisas. Estava fascinado pelo espetáculo que chegava às raias da fantasia. Presenciei a intensidade de novas vozes, a indignação moral, fragmentos e partes de novos pontos de vista. Participei de suas discussões. Tampouco eu tinha respostas satisfatórias. Entretanto, sabia que as coisas não acontecem por si mesmas. Deve ter havido momentos decisivos que nos colocaram em caminhos errados. Onde estavam eles? Quem era responsável por eles? Isso era enigmático e desconcertante, pois, se examinarmos os passos da sociedade ocidental através dos últimos três ou quatro séculos, encontramos lógica e consistência. Cada passo sucedeu coerentemente ao anterior. O século XVII, que marcou o início do secularismo, deu origem ao século XVIII, que se tornou (ou pelo menos é assim denominado) a Era do Iluminismo, que, por seu turno, deu lugar à Revolução Industrial e, posteriormente, à sociedade tecnológica de nossos tempos. E quais eram nossa imagem-guia e nossa inspiração moral? O progresso, que ninguém ousava questionar até o final dos anos 60. Em nome do progresso, empobrecemo-nos espiritualmente e, em seu nome, produzimos mais de 50.000 ogivas nucleares. A lógica do processo não podia ser desafiada com seriedade, pois havia consistência. Além disso, a implementação dos ideais do progresso material gerou consideráveis ganhos da mesma ordem. Ainda assim, algo estava errado. Os jovens sabiam disso instintivamente.

Era possível, é claro, menosprezar as reivindicações dos *hippies* e dos filhos da flor como choradeira de um bando de garotos confusos. Muitos o fizeram; muitos ainda o fazem — ensinando e pregando idéias gastas como se ainda tivessem real validade. Procurei ouvir os jovens, raciocinar com eles. Disse a mim mesmo: se este é um bando de jovens confusos, por que não conseguimos, com nossa razão, nosso conhecimento e nossa clareza, dar-lhes respostas satisfatórias? E, de fato, não conseguíamos. Também tive contato com visões positivas e novas filosofias propostas pelos *hippies*. Não tinham grande valor. Após refletir muito, compreendi que a busca precisava ir mais fundo, diretamente aos próprios fundamentos de nosso pensamento que se havia tornado, de alguma maneira, enfermo; diretamente às próprias fundações de nossa moral, que, com tanta freqüência, é corrompida por nossas conveniências e nossa visão limitada.

Aqui se encontrava então um desafio fundamental para um filósofo: examinar os pressupostos básicos da nossa civilização, a fim de descobrir (especificamente) se são verdades indubitáveis ou pelo menos mitos inspirados e válidos; ou se, porventura, não se tornaram dogmas não-autorizados manipulando nossas vidas individuais e diminuindo nossos horizontes mais amplos. Percebi que o último era, sem dúvida alguma, o caso.

No curso de minha jornada pelos fundamentos de nossa cultura tecnológica, descobri, também, que nós, o povo ocidental, pelo menos a maior parte da sociedade ocidental, queremos viver em ilusão. Quando olhamos com mais profundidade para dentro de nossos eus interiores, com freqüência *sabemos*, em nossos corações, e em nossas mentes também, que muitas crenças em que nos baseamos são simplesmente falsas. Entretanto, prosseguimos nesse jogo de aparências. Por quê? Porque também sabemos que este processo de ilusão sistemática é do nosso interesse como um povo materialmente privilegiado, que vive no conforto e muitas vezes às custas de outros. Assim, muito freqüentemente, anuviamos os limites de nossa consciência e falamos sobre necessidades econômicas, enquanto nossa voz interior nos diz algo diferente.

O processo contínuo de auto-ilusão, o viver com meias-verdades e, algumas vezes, com mentiras óbvias, encontra-se no âmago da doença que assola todo o Ocidente. Os países comunistas não estão excluídos.[3] Mencionei anteriormente que eles perpetuaram e aperfeiçoaram seu próprio jogo de auto-ilusão em nome de algum futuro glorioso. Em suma, ninguém pode viver em graça e ao mesmo tempo nadar em dinheiro às custas de outrem. A graça exclui o desperdício, a auto-ilusão e o zombar da própria vida.

A MIRAGEM DA OBJETIVIDADE

É fácil postular a graça, mas fundamentá-la é difícil. O crítico pode dizer que, ao postularmos a graça, tratamos do intangível, ao passo que nosso mundo é constituído de coisas

---

[3] Este livro foi escrito antes da queda do Muro de Berlim no final dos anos 80. (N. ed. bras.)

tangíveis. Em nosso mundo da ciência e tecnologia, precisamos de uma justificativa *objetiva* para tudo que fazemos e pensamos. E a crítica pode continuar: as pessoas que aspiram a alternativas radicais e visões de mundo alternativas podem ser bem-intencionadas, mas não podem justificar suficientemente suas visões de modo a convencer aqueles que, como nós, crêem na racionalidade e na objetividade. É necessário ser objetivo e racional.

Tendo me formado nos rigores da filosofia analítica e, mais tarde, da filosofia da ciência, no início aceitava os pronunciamentos dos críticos como verdades inegáveis, pelo menos como princípios necessários para o funcionamento da mente que considera a si mesma inteligente e iluminada. Contudo, com o passar dos anos, refleti sobre os princípios da objetividade e da racionalidade, sobre como eles se manifestam em nosso sistema de conhecimento e sobre como atuam em nossas vidas, isto é, quando nos apegamos implacavelmente a eles. Cheguei à conclusão de que esses firmes pilares do conhecimento e da mente ocidentais são vacilantes e totalmente suspeitos.

O público ouve os cientistas de avental branco quando pontificam sobre a objetividade da ciência e a impecabilidade de seus resultados científicos e tende a aceitar isso como um novo evangelho. O público não tem acesso à fragilidade dos resultados científicos. Para alguém que esteve em estreito contato com a mente científica e que refletiu criticamente sobre o valor e o lugar da objetividade no conhecimento humano, a situação é diferente.

Quando começamos a inquirir sobre o estado da objetividade, não é absurdo perguntar: quão *objetivo* é o próprio princípio da objetividade? É um princípio da natureza? Não é. É um princípio de nossa mente. A busca por objetividade é uma predileção, uma preferência de algumas mentes. Nada há na natureza ou no conhecimento humano (antes que se decida que todo o conhecimento deve ser objetivo) que nos obrigue a aceitar esse princípio, exceto a pressão social da conformidade. A natureza não conhece o significado da objetividade.

Existem ainda alguns outros problemas mais profundos no que tange à objetividade. Recentemente, a nova física tem-nos contado uma história fascinante, isto é, a de que nunca olhamos para a natureza de forma objetiva. Somos simplesmente incapazes de fazer isso. Se objetividade significa estar livre de filtros, limitações, propensões e fraquezas em nossas mentes, então nunca somos objetivos nesse sentido, porque filtramos e processamos tudo que percebemos, tudo que pensamos, o tempo todo.

Assim, vivemos num universo participativo, não em um universo objetivo. A noção de conhecimento objetivo, independente de nossas mentes, é um absurdo de acordo com a nova física. Além disso, se olharmos para o que há de melhor no verdadeiro comportamento dos cientistas criativos, ficaremos chocados ao perceber como seu pensamento é idiossincrático. Eles simplesmente não são objetivos. São humanos e confusos. Em seu pensamento, seguem palpites interiores, intuição, e muitas vezes usam métodos não-ortodoxos, e até estranhos. Uma descrição maravilhosa do complexo processo criativo é dada no livro de Crick e Watson, *The Double Helix* (A Hélice Dupla).

Tive a oportunidade de testemunhar em várias ocasiões como é fictício e frágil o princípio da objetividade, quando interagia com cientistas em seus próprios meios. Houve uma grande conferência internacional em São Francisco, em 1977. Foi assistida pela mais impressionante reunião de pensadores oriundos de cerca de 100 países. Um dos simpósios tratava da investigação do DNA recombinante, tema muito discutido na época e ainda altamente controvertido, uma vez que se relaciona com a possibilidade da manipulação genética dos seres humanos. Os cientistas a favor da pesquisa queriam refutar todas as objeções, porque a necessidade dela era da maior importância para eles. Não pensavam nas possíveis conseqüências. O que os ocupava eram os novos resultados. Os críticos sugeriam que devíamos ir devagar e observar antes de avançarmos. O espetáculo era um tanto bizarro. Tratava-se de uma constelação de pensadores de primeira ordem, em um país livre, em uma conferência internacional especialmente dedicada à livre investigação — e eram tão paroquianos e fanáticos quanto os sacerdotes da Idade Média. E este não é um incidente isolado. Tais coisas realmente acontecem, com freqüência, em nome da objetividade.

Quais eram os argumentos e razões que tanto agitaram meus companheiros cientistas durante nosso encontro em São Francisco? Um deles era: ao empreender a pesquisa do DNA, estávamos, na verdade, tocando a natureza da própria vida. Para que nos aproximemos da natureza da vida de modo fundamental, é necessário que tenhamos sabedoria e responsabilidade moral; em minha opinião, não possuímos qualquer uma das duas. E esse argumento foi citado muitas vezes na literatura relativa à investigação do DNA. Mas a comunidade científica não queria ouvir isso.

Minha crítica ao *ethos* [4] científico é resultado de uma investigação profunda sobre a inadequação da filosofia primitiva que a ciência costuma assumir como base (cientificismo). É, também, o resultado de observar cuidadosamente — e com assombro — os abusos da razão e da inteligência humanas cometidos pela comunidade científica muitas vezes sob a bandeira da objetividade. (Veja minha discussão mais aprofundada sobre a objetividade no Capítulo 23.)

Tudo isso pode ser encontrado em quase todas as comunidades competitivas. As universidades são comunidades competitivas por excelência. Ao invés de serem templos de aprendizado e centros de desenvolvimento, são como formi-

---

[4] Modo de ser característico, espírito ou caráter de um povo ou comunidade. (N. ed. bras.)

gueiros de rivalidade, repletos de "máscaras humanas cuja substância é nebulosa".

Concluirei esta parte com algumas observações gerais. A busca da objetividade trouxe alguns indubitáveis benefícios para nossas explorações do universo físico. Entretanto, o princípio da objetividade não deve ser tratado como deidade, pois, como no caso de todos os produtos humanos, trata-se de algo muito frágil. Se eu dissesse que a objetividade tornou-se um dogma pernicioso, muitos levantariam suas vozes, alarmados, e me acusariam de ser anticientífico; portanto, não direi isso. Mantenho, não obstante, que a nobreza e a liberdade de nossas mentes requerem que nos libertemos de qualquer camisa-de-força, seja ela o dogma da religião ou da objetividade. Somos seres livres, autênticos. Nossas mentes são maravilhas de criatividade e espontaneidade, capazes de penetrar profundezas não sonhadas pelo princípio da objetividade. Ao perseguir a miragem da objetividade, tentamos apreender uma quimera que, embora encantadora em sua forma, não pertence ao universo humano.

EM BUSCA DE UM NOVO CONCEITO DO HOMEM

A vida sempre é confusa, sempre ambígua. Em determinados períodos da história, é mais ambígua do que em outros. Vivemos agora em um período assim. Com muita freqüência, nós, o povo ocidental, fazemo-nos depositários de hipocrisia. No fundo, sabemos que muitos de nossos meios são desonestos e, ao mesmo tempo, os aceitamos porque servem aos nossos interesses egoístas. Simultaneamente, contudo, buscamos novos caminhos — de sanidade ao invés de hipocrisia; buscamos novos meios e paradigmas que corroborem a vida, que possam facilitar os relacionamentos simbióticos com todos os outros seres, e não os de exploração.

O que fazer, então, sendo um filósofo inserido em uma cultura que está-se desintegrando? Pode-se desejar, ou, na verdade, ser compelido a encarar as realidades e os problemas atuais, as agonias peculiares à condição humana de seu tempo. Quanto a mim, não vi outra alternativa senão a de fazer-me testemunha de nossa época, testemunha que ao mesmo tempo tenta encontrar novos caminhos.

Assim, ouvi os filhos da flor. Ouvi os *hippies*. Alguns deles eram pessoas extraordinárias que tinham *insights* e coragem, aptas em certo sentido a avançar até outra cultura — que ainda não estava ali. Entretanto, não possuíam suficiente conteúdo e perseverança para tornar seus vagos esboços dessa nova cultura algo permanente. Parte do problema devia-se ao fato de eles não terem penetrado, suficientemente, em seus próprios fundamentos. Não reexaminaram todo o sistema de valores com suficiente cuidado. Costumavam pensar, de modo ingênuo, que as boas intenções e um estilo de vida despretensioso[5] automaticamente transformariam suas consciências e a consciência social e que isso era suficiente para gerar a nova cultura.

Também se poderia ignorar todo o cenário (e muitos o fizeram) e dizer a si mesmo que esse bando de garotos confusos com suas expressões vagas não poderiam possuir mais sabedoria do que os grandes filósofos do passado. E, assim, podia-se continuar (como fez e ainda faz a maioria) ensinando e pregando antigas doutrinas completamente desgastadas e divorciadas da vida.

Ao buscar as causas de nossos problemas e angústias, tornou-se claro para mim que a falha não se encontrava em nossas estrelas, mas em nossas filosofias, nas visões que os grandes filósofos dos tempos modernos impõem-nos. Não vamos subestimar o poder dos filósofos. Eles são os verdadeiros dirigentes. São responsáveis por nossas miopias e distorções, e também por delegar poderes à máquina. Seus

---

[5] No original, *groovy*. Gíria muito empregada nos anos 60, a qual expressava a noção *hippie* de bem-estar, destituído de preocupações materiais, leve. (N. ed. bras.)

pontos de vista obrigaram-nos a fazer do mundo atual uma grande confusão. Tenho plena consciência do que estou dizendo, isto é, de que os filósofos são os responsáveis.

Francis Bacon, Galileu Galilei, René Descartes são os renomados filósofos dos tempos modernos. Nós os reverenciamos por suas descobertas. Contudo, por estranho que pareça, aquilo que descobriram na natureza simplesmente não estava ali. Bacon disse que conhecimento é poder. Mas a natureza não se altera se o conhecimento é ou não poder. Pelo contrário, a natureza é uma teia única de forças que nutrem e sustentam umas às outras, inclusive nós.

Galileu disse que o livro da natureza está eternamente aberto aos nossos olhos, mas que para lê-lo é necessário, em primeiro lugar, aprender o alfabeto no qual está escrito; e sua linguagem é a da matemática. Ainda assim, o livro da natureza está escrito em formas vivas e não em fórmulas matemáticas. As fórmulas podem, na melhor das hipóteses, revelar o esqueleto das formas vivas. Mas, neste caso, os esqueletos são destituídos de vida, não são as formas vivas em si.

Descartes sugeriu que para compreender a natureza de nossos problemas, e mesmo a natureza do mundo como um todo, devemos descobrir cada dilema em suas partes componentes; dividir e subdividir até chegar aos problemas atômicos, que são tão simples que podemos facilmente compreendê-los com as ferramentas de nossa análise. Entretanto, o fato estranho (e todos sabemos disso) é que a natureza é constituída de padrões e totalidades que se encontram além da análise, pois, ao desmanchar estes padrões e totalidades em suas partes componentes, não se tem mais padrões e totalidades. Na melhor das hipóteses, compreendem-se as partes constituintes.

Os três homens que mencionei — e não são de modo algum os únicos arquitetos da moderna mente ocidental — induziram-nos a aceitar suas visões como se fossem a verdade a respeito da realidade. Devo enfatizar este ponto: o que eles partilharam conosco não foi o que descobriram objetivamente, princípios que subjazem profundamente à natureza, mas, sim, suas visões, as quais nos impuseram. Agindo a partir dessas visões, nós as transformamos em uma realidade. Uma vez que começamos a olhar a realidade através das lentes destas visões, passamos a percebê-la e classificá-la de acordo com elas. Começamos a moldar a estrutura do mundo e depois a de nossas vidas à imagem dessas visões, à imagem da metáfora que projetam. Passamos a rejeitar, ou pelo menos a deixar de lado, qualquer coisa que não se enquadre nesses novos esboços. Por conseguinte, chegamos a uma visão unilateral do mundo e a uma imagem distorcida de nós mesmos.

A metáfora mecanicista começou a dominar inteiramente nosso horizonte. Temos tentado adequar tudo a uma estrutura que vemos como um mecanismo em movimento, segundo leis simples e deterministas. Paradoxalmente, dentro de nós mesmos sempre soubemos que isso não é verdadeiro para nossas vidas. A conseqüência deste processo de mecanização progressiva do mundo foi o desarraigamento do homem, que se tornou desenraizado e isolado das fontes de sua energia natural: os seres vivos, hábitats vivos e a compreensão do cosmo como um todo. Em outro nível e após certo tempo, esse desarraigamento conduziu à frustração e à angústia, tendo os seres humanos tornado-se águas-vivas, destilando e ardendo quando tocados.

> *De tudo aquilo que fez no passado*
> *Você come o fruto*
> *Podre ou maduro.*
>
> *T.S. Eliot*

As utopias e visões dos filósofos do século XVII produzem agora frutos podres. Cheguei a essa conclusão enquanto tentava compreender nossa desagradável situação, particularmente no contexto da revolução *hippie*. Olhando para trás, nos dois últimos séculos, podia ver como as visões e *insights* de Newton, Hume, Locke; depois de La Place, Diderot, Condorcet e Comte; mais tarde de Marx, Engels e Lenin, todas pertencem ao mesmo molde, predominantemente materialista, secular, anti-espiritual. Eram todas expressões diferentes da mesma ideologia do secularismo. Pregavam a salvação aqui e agora, na Terra. E o que dizer da alma? O que dizer da natureza e da busca espiritual do homem? Deixem-nas evanescer. Não são importantes, declararam.

A ação jamais guia a si mesma, pois, neste caso, será uma ação cega e não raro violenta. A adulação da praticabilidade e da eficiência da sociedade industrial moderna é tãosomente conseqüência de uma leitura mecanicista do universo, baseada no materialismo. A sabedoria prática de nossos tempos, que despreza o filosofar, é, ironicamente, ela mesma fruto da filosofia, ainda que completamente estéril e superficial.

Uma vez identificadas as raízes da podridão, não se pode continuar denunciando para sempre o positivismo e o cientificismo. Exorcizar o espectral espírito de Descartes da manhã até a noite não resolve o problema, ainda que possa trazer alguma satisfação estética. É necessário que se construam alternativas; devem-se elaborar novas visões de mundo. Se toda a matriz está equivocada e não pode ser consertada, deve-se criar uma nova matriz, um novo paradigma, não apenas para a ciência, mas para toda a visão de mundo empírica.

Já no início dos anos 70, tornou-se óbvio para alguns de nós que o movimento ecológico estava fraquejando, uma vez que não havia penetrado profunda e suficientemente nos fundamentos conceituais do nosso pensamento e da nossa ação. No início do verão de 1974, foi organizado um simpósio na Associação dos Arquitetos da Faculdade de Arquitetura em Londres. O tema era "Para Além da Tecnologia Alternativa". Fui um dos quatro painelistas e usei a ocasião para delinear, pela primeira vez, alguns princípios de eco-filosofia, que, nesta época, eu chamava de humanismo ecológico. Em poucas palavras, argumentei o que segue:

-1- A era que se aproxima deve ser vista como a da administração: estamos aqui não para governar e explorar, mas para manter e transformar criativamente em benefício de todos os seres.

-2- O mundo deve ser concebido como um santuário. Nós pertencemos a certos hábitats; eles não nos pertencem. São a fonte de nossa cultura e são o nosso sustento espiritual. Devemos manter a sua integridade e a sua santidade.

-3- O conhecimento não deve ser visto como uma coleção de ferramentas cruéis para atomizar a natureza, mas como mecanismos cada vez mais sutis para nos auxiliar na manutenção de nosso equilíbrio físico e espiritual.

O humanismo ecológico, que, por sua vez, está muito distante dos conceitos tradicionais do humanismo e, especificamente, do antropocentrismo racionalista científico no humanismo do século XIX, no momento devido, deu origem a meu livro *Eco-Philosophy, Designing New Tactics for Living* (Eco-filosofia, Esboçando Novas Táticas para Viver), publicado em 1981. Um dos principais inspiradores desse volume foi Pierre Teilhard de Chardin. Sua visão sobre o fenômeno humano, combinada com novos *insights* de astrofísicos tais como John A. Wheeler, abre-nos um panorama completamente novo em relação às perspectivas do homem.

Ao examinar os conceitos tradicionais sobre o homem (em todo este texto entenda-se por *homem*: homem e mulher, simplesmente o ser humano) percebi que, de forma lamentável, o homem estava mal representado. Há o célebre conceito de Aristóteles sobre o homem como animal racional. Esperava-se, com essa concepção, engrandecer nossa estatura e nossa dignidade, uma vez que a racionalidade, em certo sentido, continha nossa nobreza como seres humanos. E o que fizemos com a nobreza de nossa racionalidade? Ela, algumas vezes, tornou-se um instrumento cego de exploração. O homem racional passou a ser, com muita freqüência, um mediador tecnológico, o homem-organização, o pesquisador científico que não raro vende seu brilhante intelecto sem qualquer pudor para a indústria militar, a fim de que armas ainda mais letais possam ser produzidas. Em resumo, não podemos mais continuar identificando a essência do homem com sua racionalidade, pois ela se transformou em uma terrível espada de dois gumes.

Há a definição de homem como *Homo Faber*, o construtor de instrumentos. Também aqui se encontram muitas armadilhas. O *Homo Faber* de nossos tempos está-se metamorfoseando no monstro de Frankenstein que não possui suficiente sensibilidade, suficiente senso moral, para determinar o que deve produzir e por quê. A premissa original da tecnologia era diferente: o melhoramento da condição humana. Ora, se olharmos para o homem como o animal que produz instrumentos, perceberemos, após um exame minucioso, que antes de nos tornarmos produtores de instrumentos, devemos fazer algo em relação a nossas mentes. Portanto, uma leitura mais profunda da concepção de homem como *Homo Faber* simplesmente indica: homem, o animal que produz uma mente.

Há ainda a concepção do *Homo Ludens* que sugere que o brincar e o caráter lúdico de nossa natureza caracterizam nossa essência. E o que fizemos da idéia de homem como animal lúdico? Nossa tendência é de sufocá-lo através da desvalorização e da trivialidade do moderno entretenimento de massa. Tornamo-nos consumidores da indústria do entretenimento, que mais do que nunca nos alimenta com quinquilharias e vulgaridades e, no processo, contribui para a atrofia das nossas sensibilidades.

Ao buscar mais além, concluí que talvez a melhor caracterização do ser humano seja a de um animal auto-sensível ou, simplesmente, a de um animal sensível, pois me parece que apenas a amplitude e a força de nossa sensibilidade determinam nosso *status*. Essa definição permite-nos também relacionar o homem com todo o curso da evolução e tratar a ambos como o processo contínuo de refinamento e emergência de formas de sentir sempre novas. A evolução é um processo auto-sensibilizante. Quanto mais sensibilidades ela adquire, mais riça torna-se. Vivemos no cosmo sensível. Em linguagem simples, o alcance das nossas sensibilidades costuma estar contido, ainda que isso não se justifique, dentro dos limites dos chamados aspectos suaves de nosso ser, nas sensibilidades morais e estéticas. Desejo expressar que qualquer uma das capacidades que possuímos é uma forma de sensibilidade, inclusive a capacidade de raciocínio lógico, que pode ser chamado de sensibilidade lógica. A sensibilidade é o tema de minha primeira iluminação, e esse tema flui por todo o livro.

1

Sensibilidades, Nossas Janelas Para o Mundo

O mais importante a respeito do homem é que ele é um ser sensível, que ele é dotado de sensibilidades; e que, através das sensibilidades, está fazendo a sua ascensão evolucionária. O homem é, em suma, auto-sensibilizante, ou seja, autotranscendente e auto-aperfeiçoador. Novas sensibilidades são novas janelas que ampliam os horizontes de nosso mundo. São também os veículos pelos quais conduzimos a jornada evolucionária e através dos quais nos tornamos seres mais humanos e mais espirituais.

Quando as primeiras amebas surgiram do primeiro caldo orgânico, foram vitoriosas porque adquiriram uma nova sensibilidade que as capacitou a reagir ao meio ambiente de maneira semiconsciente, reação essa que foi o início de todo o aprendizado, pois aprender é uma capacidade, uma sensibilidade para reagir ao ambiente e às suas condições de um modo que se acumula experiências. A glória da evolução tem início quando os organismos começam a usar suas capacidades, portanto suas sensibilidades, de uma maneira consciente e deliberada para promover seu bem-estar.

Do caldo orgânico, através da ameba, até o peixe; do peixe, através dos répteis, até os primatas; dos primatas ao homem — esta tem sido uma contínua e encantadora história sobre a aquisição e o refinamento de sensibilidades sempre novas.

Quando a matéria começou a sentir e desenvolveu, então, o olho como o órgão de sua nova sensibilidade, aquele foi um momento de grande importância. A realidade podia agora ser vista, podia ser articulada de acordo com o poder do olho que vê. Se não há olho para ver, não há realidade a ser vista. Foi o olho que proporcionou à realidade seu aspecto visual. A existência dele e a existência da realidade visual são, reciprocamente, aspectos um do outro; um não pode existir sem o outro. Para que serve o olho que vê sem algo para ver? E qual é a realidade visual que nunca foi vista?

A habilidade visual do olho é uma forma de sensibilidade através da qual articulamos a realidade à nossa volta. A visão é uma entre muitas sensibilidades. Todas elas são produto da articulação da evolução. Porém, não são simplesmente depositárias passivas do processo evolucionário. Através delas moldamos, apreendemos e articulamos aquilo que chamamos realidade. Não há realidade (para nós) além daquilo que nossas sensibilidades podem nos apresentar. As sensibilidades são formadoras da realidade, ou seja, o surgimento de qualquer nova forma de sensibilidade é uma nova janela para o mundo.

Com novas sensibilidades, formulamos o mundo de novas maneiras; retiramos dele novos aspectos. O poder das sensibilidades é o poder da co-criação. Nenhum aspecto da realidade impõe-se sobre nós com força irresistível; nós o tomamos e então o assimilamos se, e somente se, possuirmos uma sensibilidade apropriada que seja capaz de processar esse seu aspecto para nós.

O poder da criação é o poder da articulação. Quando pintores, como os impressionistas, começam a ver a realidade de uma nova maneira, eles invariavelmente a formulam de modo inédito. Sem nova formulação, não há nova visão. Cada novo ato criativo é um novo ato de articulação. A criação é o processo; a articulação, o produto. Também é assim que a natureza desempenha seu papel, articulando infinitamente. E esta é a história dentro do universo humano: através da aquisição de novas sensibilidades, adquirimos novos poderes de articulação. Desse modo, adquirimos novos poderes de criação. A sensibilidade, portanto, tem a chave, não apenas para nossa compreensão da evolução, mas para a compreensão de nós próprios. Resumindo: somos feixes de sensibilidades tremulantes. O mais importante em relação ao homem é que ele é um ser sensível.

Aprofundemos essa questão mais um pouco. Estaríamos nós confundindo o pensamento (e o conhecimento) com este vago material chamado sensibilidade? Não. O pensamento é uma forma de sensibilidade. É uma forma de ver com um acesso imediato às experiências passadas armazenadas em nossas camadas evolucionárias. Paradoxalmente, pensar não é o tipo de faculdade que muitas vezes imaginamos ser. Não foi inserido dentro de nós em determinado estágio de nossa evolução como um presente de alguém que disse: "agora pense". O pensamento quase sempre ocorre dentro de um amplo arcabouço de nossas experiências e da experiência da espécie. Tais experiências tornam o pensar muito mais amplo do que o mero uso do cérebro. Ele é uma das muitas linhas com as quais se tece a tapeçaria de nossas sensibilidades; é apenas um aspecto de nosso potencial evolucionário. E este dom muitas vezes confunde nossas mentes. Ao refletir sobre isso, pode-se observar que o laboratório do mundo está todo contido dentro de nós; toda a química do cosmo circula em nosso interior. As cadeias de energia são transformadas em vida. Dois gramas de energia para um grama de vida? O que é esta energia que se torna vida e depois se torna consciência? Considere a relação entre a química e a consciência. Sabemos que existe. Se retirarmos o oxigênio do cérebro, segue-se a perda de consciência. Mas esta é apenas uma pequenina faceta do que ali existe, do que ali acontece. Carregamos dentro de nós o laboratório do mundo e, em certo sentido, todo o conhecimento que já existiu. Ainda assim, temos pouquíssima consciência disso. A epistemologia da vida deve ser criada de forma que possa desempenhar a grande tarefa que lhe está reservada, que é escavar as camadas cognitivas da evolução. Esta não é uma fantasia filosófica. Muitas vezes recorremos ao conhecimento armazenado nas camadas de nossa evolução e, ocasionalmente, também nos tornamos conscientes disso.

Ao desenvolver o conceito do homem como animal sensível, percebi que estava formulando uma nova concepção do conhecimento, bem como uma nova concepção da mente e da realidade. Os rudimentos dessas concepções estão espalhados em todo o texto destas iluminações. O conceito do homem como um animal sensível, como o ser que realiza sua ascensão evolucionária aumentando a amplitude de suas sensibilidades, oferece-nos uma pista para muitos dilemas enigmáticos com os quais a mente discursiva e lógica não pode tratar, e com os quais nosso conhecimento empírico sente-se restringido. Por que os filhos da revolução da flor e os *hippies* apreenderam corretamente a questão apesar de sua relativa ignorância, se comparada à dos eruditos? Porque suas sensibilidades — e, sobretudo, suas sensibilidades morais — eram agudas e penetrantes o suficiente para informá-los — através deste processo sutil chamado de retroalimentação do ser interior — de que as coisas no mundo externo não podiam estar corretas se produziam tais conseqüências tão devastadoras nos campos social, ecológico e existencial. Não há mistério aqui, nenhum recurso ao mágico ou ao sobrenatural. Há apenas um profundo senso de compreensão de como as coisas estão relacionadas em nossas camadas mais profundas quando escutamos o pulsar de nossas sensibilidades ocultas e a forma como elas respondem a todas as miríades de estímulos que se infiltram a partir do mundo externo.

Olhar para os seres humanos como um campo de sensibilidades tremulantes e alertas permite-nos explicar alguns outros fenômenos que são difíceis de explicar para os cientistas físicos e para todo o paradigma do conhecimento baseado no campo físico. Tem sido observado de modo consistente, em todas as culturas, que as assim chamadas pessoas simples, isto é, aquelas sem educação formal, muitas vezes encontram um caminho para o âmago do problema e oferecem *insights* e soluções surpreendentes para os eruditos. Essas pessoas simples, por não possuírem "suficiente" conhecimento, não são consideradas capazes de oferecer tais *insights* que surpreendem os eruditos; contudo elas o fazem, zombando muitas vezes dos mesmos. Como isso é possível? Recorrem às sensibilidades mais profundas que residem no santuário de seus eus interiores. Isso aplica-se, também, à intuição e, especialmente, à "intuição feminina", de cujas profundidades, de alguma maneira miraculosa, emergem respostas corretas sem o uso do pensamento. Isso, novamente, nos deixa atônitos. Mas não seria assim se atentássemos bem ao repertório completo de nosso ser. De fato, aqueles lampejos de intuição não nos deixam atônitos quando somos seres humanos totalmente novos. Surpreendem apenas os cientistas físicos que desejam reduzir tudo à esfera física e lógica. Talvez nem isso: surpreendem apenas os cientistas medíocres. Os grandes são amigos de sua intuição, valorizando-a e nutrindo-a.

O fenômeno do homem como campo de sensibilidades em expansão lança, também, nova luz sobre a experiência e as aspirações dos místicos, videntes e poetas. Sabemos através deles que somos capazes de alcançar o infinito. Considere Blake: "Se as portas da percepção estivessem desimpedidas, cada objeto seria visto como é: ilimitado". Aldous Huxley fala de modo análogo em seu célebre livro *As Portas da Percepção*. Os livros sagrados do passado inspiram-nos a acreditar no mesmo: somos infinitos, quando nos abrimos o suficiente.

Embora eu ame a inspiração e a chama de Blake e Huxley e de muitos dos textos sagrados, eles são enganosos para nós. O assunto é mais sutil e complexo. Seria muito fácil abrir essas janelas ou portas se já as possuíssemos. Não é sequer o caso de desobstruí-las. *Essas janelas ou portas muitas vezes ainda não estão presentes.* Precisamos, em primeiro lugar, criá-las. Criamos novas janelas, e erigimos novas portas da percepção ao criarmos e nutrirmos novas sensibilidades. E isso envolve toda nossa existência em uma íngreme escalada contra os obstáculos da realidade comum.

Poderemos ver cada objeto como realmente é — ilimitado — tão-somente quando nos tornarmos sem limites, quando nossas sensibilidades tornarem-se infinitas, quando formos unos com a divindade.

Retornemos, pois, à ascensão evolucionária do homem, observada através do prisma das sensibilidades em expansão. Temos agora uma perspectiva simples e unificadora. Na jornada evolucionária, a primeira percepção elementar — a ameba percebendo seu ambiente de modo rudimentar — origina, muitas eras mais tarde, a outra forma de sensibilidade — a iluminação humana. A filosofia, a arte, a religião, bem como o conhecimento, incluindo a ciência, são formas de iluminação humana, formas refinadas de sensibilidade que evoluíram com o tempo.

A evolução articula-se através das sensibilidades.

A mente do ser humano é criada através das sensibilidades.

O alcance de nossa humanidade é delineado através das sensibilidades.

A matéria é transformada em espírito através das sensibilidades.

Todo o pensamento é luz que lançamos sobre os objetos de nossa compreensão. Essa luz, quando ilumina a vida, torna-se reverência pela vida. A reverência pela vida é uma forma de sensibilidade humana em relação a ela; ao mesmo tempo é uma forma de pensar sobre ela. O pensamento assim concebido pode ser visto em todas as culturas tradicionais. A fusão platônica de Verdade, Divindade e Beleza é uma manifestação disso.

Na elaboração dos símbolos, encontramos outro modo de ampliar-nos, pois os símbolos abriram caminho para um novo e importante estágio de nossa articulação evolucionária: ao desenvolvermos códigos simbólicos, trouxemos a arte, a religião e a filosofia à plenitude; no processo articulamos a nós próprios como seres sociais, culturais e espirituais.

A verdade, a bondade, o amor e a beleza são veículos de nossa sensibilidade. São um amadurecimento de nossas sensibilidades "naturais" primitivas, as quais, através de transformações simbólicas, tornam-se instrumentos de iluminação e, mais ainda, de articulação espiritual. Aquilo que chamamos "espiritualidade", "o sentimento religioso", "o sagrado" e "o divino" são todas expressões que significam sensibilidade acentuada, uma capacidade acentuada do indivíduo de reagir ao mundo e transcender as limitações da matéria.

Definir o ser humano como um animal sensível, como alguém que forma a si mesmo através da aquisição e da ampliação de suas sensibilidades, é fazer uma homenagem à vastidão do futuro humano e também às conquistas da evolução. O conceito correto de homem é aquele que reconhece todas as suas conquistas passadas, mas que, ao mesmo tempo, torna o homem aberto a futuros refinamentos, à aquisição de um poder de consciência muito além de qualquer conquista que tenha feito até aqui. Não é apenas, e nem tanto, a capacidade para o pensamento racional ou a capacidade de confeccionar instrumentos, que devemos cultivar de modo a tornarmo-nos mais do que somos no presente; devemos desenvolver novas sensibilidades, algumas das quais ainda nem sonhadas e que nos foram dadas em formas rudimentares, tais como a telepatia, por exemplo; todas elas, porém, significam e delineiam nossa existência em um cosmo sensível e auto-sensibilizante.

Encerro com algumas declarações sobre a nova filosofia que se revelou a mim. A filosofia nasceu da condição da graça e deve retornar a essa condição de modo a completar sua missão histórica. É difícil definir o termo graça. Ainda assim, no fundo, todos nós, inclusive os filósofos analíticos, sabemos o que significa. Estou apelando também ao senso de graça deles. Porque algo realmente trágico aconteceu à nossa civilização em termos de perda da alma, em termos de perda do eu interior. Onde está a luz que perdemos na escuridão dos moinhos satânicos? Onde está a vontade humana que abandonamos aos mudos computadores? Onde está a centelha divina que trocamos pelo refrigerador cheio de produtos de plástico? Sim, a luz está aqui, dentro de nós; a vontade está presente ainda que dormitando; a centelha divina está escondida mas ainda vive. Podemos reativá-la, mas somente através da reconstrução total do cosmo que escolhermos para viver.

As iluminações evolucionárias que se seguem tentam delinear uma alternativa para o futuro com base em uma nova leitura da evolução. A meta é proporcionar uma unidade entre o cosmo e o homem, na qual o propósito humano seja congruente com o elã da evolução, e o significado humano seja restaurado como parte de um significado mais amplo.

Quando escrevo sobre evolução sei, dentro de mim, que é a evolução que está escrevendo sobre si mesma através da minha pessoa. Tenho ponderado sobre os mistérios da evolução por vários anos. Contudo, não posso resistir ao sentimento de que tem sido a própria evolução que tem reunido essas idéias para mim ao longo dos tempos. Como poderia ser de outro modo? Em 1980, fui convidado pela Fundação Findhorn para dirigir um seminário de uma semana de duração sobre as teorias contemporâneas da evolução. Essa foi uma ocasião inspiradora, no decurso da qual muitas idéias tornaram-se desimpedidas e afloraram em diferentes padrões. O resultado é este volume.

Aquilo que Bergson, Whitehead e Teilhard de Chardin compreenderam tateando e intuindo — a natureza criativa da evolução — emerge como um imperativo em nossos tempos, uma necessidade imperiosa para a sobrevivência humana e humanitária. Não é raro que idéias promissoras precisem de cinqüenta anos para amadurecer antes de serem absorvidas por uma cultura e incorporadas ao seu novo objetivo.

A velha guerra entre ciência e misticismo chega ao fim à medida que a ciência gravita cada vez mais na direção do inefável e o misticismo busca justificativas racionais. De fato, ambos podem agora ser encarados como aspectos diferentes de um mesmo fenômeno: o conhecimento e a experiência humanos. O misticismo racional, que é uma das principais linhas destas iluminações, oferece-se como uma nova forma de reconciliação entre o racional e o inefável. A expressão "misticismo racional" pode soar surpreendente para alguns. Porém, tanto a racionalidade quanto o misticismo são partes inerentes do nosso legado humano.

A linguagem é uma realidade que nos permite transcender a realidade das rochas e de outros corpos físicos. É uma realidade que, às vezes, nos capacita a transcender a ela própria. Transcendemos todos os significados particulares e fragmentados em frases específicas e, então, como se fosse através de um vidro embaçado, vislumbramos algo incomparavelmente profundo e radiante — a realidade de nossos eus interiores como parte da harmonia do cosmo. Esse é o estado no qual os místicos orientais proclamam que *Ātmam* e *Brahman* são um. Não posso pretender que estas iluminações conduzam o leitor a esse domínio, que se encontra essencialmente além da linguagem, mas posso esperar que venham a auxiliá-lo na jornada em direção a este reino cujo nome é Iluminação.

2
Ciência e Evolução

A evolução precede a ciência. O processo de evolução gerou o processo e o fenômeno chamado ciência, e não o contrário. Devemos enfatizar isso, pois muitas vezes nos comportamos como se a evolução tivesse sido criada pela ciência, como se estivesse talvez até à mercê da ciência. Temos que reconhecer isto: o avanço da ciência tornou a evolução consciente de si mesma. A ciência tornou-nos conscientes de que a evolução ocorre. Então, descobrimos que somos parte dessa evolução; somos aquela parte sua que é consciente de si mesma. Assim, a evolução gera a ciência, enquanto que a ciência torna a evolução consciente de si mesma.

Evolução é um conceito *estrutural*, um conceito da totalidade. Delineia os limites e lança as precondições de outras coisas; define-as mas não é definida por elas. Sendo um conceito total, não pode ser facilmente transmitido pela linguagem da ciência, que trata de partes. O contexto determina a natureza de nosso discurso, seja ele científico ou não. A ciência considera que a evolução é um fenômeno "científico", porque assume *a priori* que a evolução é assim. Uma vez que a evolução define os limites de todos os fenômenos, podemos encontrar nela o científico e o irracional, o estético e o cosmológico, o social e o humano; podemos encontrar nela cada parte e aspecto do que consideramos nosso legado e nossa realidade circundante.

A evolução está oculta atrás de cada preceito da ciência. Por conseguinte, nenhum experimento na biologia molecular ou bioquímica, e, na verdade, nenhuma teoria científica e nenhuma descoberta específica podem ser consideradas decisivas a respeito da evolução como processo total. Vamos enfatizar: *cada* teoria científica, e *cada* experimento especial, deriva seu significado e recebe sua validação a partir de um contexto mais amplo, conhecido de outra maneira como a estrutura conceitual, que é parte, ela própria, do conhecimento. Este, por sua vez, é parte integrante da evolução cognitiva do homem. Reiterando, a evolução não pode ser reduzida à ciência, pois ela proporciona o contexto para a ciência. É neste sentido que a ciência *segue* a evolução e não o contrário.

A ciência hoje não pode ser o árbitro de todas as questões concernentes à evolução, porque é um empreendimento que possui seus próprios problemas, muito mais graves do que normalmente supomos.

A ciência trata da *realidade*. Suas metas visam a verdade, isto é, descrições que sejam verdadeiras. Baseia-se em evidências supostamente *indubitáveis*. Tais são as premissas da ciência; as premissas sobre as quais repousa todo o empreendimento e das quais deriva sua validade. A ciência, sem dúvida, é algo esplendoroso, mas ultimamente tem sofrido uma crise de identidade que afeta também toda a cultura ocidental.

Ora, mesmo admitindo-se que a ciência trate da realidade, os cientistas agora relutam em dizer que suas teorias e afirmações sejam descrições da realidade. Por exemplo, qual é a realidade das partículas subatômicas últimas?

Ainda que a ciência seja considerada como tratando da verdade, os cientistas atuais relutam em falar sobre a verdade de suas teorias e declarações. Além disso, não há mais a convicção tão forte de que o tipo de evidência fornecido pela ciência é indubitável e não pode ser questionado.

Sob o impacto de suas próprias descobertas, particularmente na física subatômica, a ciência percebe a realidade como cada vez mais ilusória. Por quê? Porque os constituintes elementares da matéria, que a física pesquisou com tamanha diligência e convicção, parecem evitar que os físicos os compreendam, retrocedendo cada vez mais à medida que deles nos aproximamos.

A situação é tão extraordinária como angustiante. Ao decifrar a estrutura da matéria, penetramos cada vez mais profundamente e identificamos um número crescente de partículas "elementares", até chegarmos ao ponto de uma tal profusão dessas partículas (mais de 300 foram identificadas!) que toda a estrutura, que se deveria tornar transparente através delas, dissolve-se. Isso não é de modo algum uma metáfora poética, mas a descrição deste estado de proliferação de entidades que não explicam aquilo que deveriam explicar. Ao invés de chegar à verdade primordial sobre a estrutura da matéria e sobre a natureza das partículas elementares, os físicos criaram uma confusão conceitual e ontológica em uma escala sem precedentes. Um eminente físico estudioso das partículas recentemente declarou: "a física encontra-se em uma situação terrível". E uma questão geral surge: em que sentido, se é que em algum, essas partículas "elementares" são, de fato, *partículas*? Há algum sentido verdadeiro e não apenas metafórico no termo *partícula*? Toda a noção da realidade empírica, ou realidade física, se for baseada nessas partículas elementares (consideradas como os constituintes fundamentais da matéria), está prestes a ruir.

Se nossa realidade torna-se ilusória e além de nossa compreensão, e se, além disso, estamos em uma situação na qual o observado e o observador fundem-se em algo inseparável, então isso virá a afetar nossa noção de verdade. A verdade deve ser uma descrição fiel e inequívoca da realidade que se encontra objetivamente "fora" e independente de nós como observadores. Entretanto, se a realidade torna-se ilusória e não mais independente do observador, como podemos possuir verdades inequívocas e objetivas sobre ela? Dizendo de outro modo: quando a realidade faz-se ilusória a ponto de ficar intangível — como é o caso no reino das partículas elementares últimas, no qual o observado e o observador tornam-se inseparáveis —, então, o processo de combinar nossas descrições da realidade com a realidade em si passa a ser extremamente difícil, senão impossível. Não mais possuímos uma realidade firme, "objetiva", "fora de nós", que podemos "fotografar" em nossas teorias e em nossa linguagem. Aqueles que respeitam a lógica elementar devem aceitar essas conclusões.

Olhemos para o problema da evidência neste contexto. Se a realidade é ilusória, nossa verdade sobre ela se torna, na melhor das hipóteses, experimental, e nossa evidência relativa a essa realidade não é mais inabalável e inequívoca; como podemos ter uma evidência indubitável e inequívoca se a própria noção da realidade empírica está em questão? Não estamos dizendo que a realidade cessou de ser empírica, mas apenas que não sabemos mais o que empírico significa.

Temos agora novos e revolucionários *insights* sobre a natureza da ciência: a compreensão de que todo o conhecimento é experimental, de que a realidade física apenas pode ser compreendida dentro de contextos, ou estruturas conceituais, ou paradigmas; a racionalidade científica não prova tudo o que diz, mas merece ser questionada. Compreendemos que as bases objetivas primordiais do mundo físico estão um tanto dissolvidas na miríade de partículas subatômicas. Isso mudou profundamente nossa visão da ciência e o tipo de mundo que ela tenta descrever. Esses *insights* afetam igualmente, e devem fazê-lo, nossa noção de evolução e, particularmente, a abordagem científica da evolução.

Recentes avanços na ciência terminaram por invalidar sua antiga imagem mecanicista, objetiva e determinista. Entretanto, esta velha imagem não morre com facilidade. Há pouco tempo tive a honra de falar sobre evolução, dentro de ampla estrutura filosófica, para um eminente grupo de cientistas e filósofos. Foi-me dito na discussão que devemos olhar na ciência para buscar visões corretas sobre a evolução. Foi-me dito, em resumo, que a ciência é o melhor caminho. O espetáculo como um todo foi um tanto bizarro, pois, por um lado tentei mostrar como a ciência mudou durante os últimos setenta anos e como parece diferente agora, se comparada à sua posição anterior, dogmática, infalível e determinista. Por outro lado, houve uma refutação baseada na reafirmação de uma antiga visão da ciência: objetiva, imutável, aparentemente infalível. O debate a respeito de minhas opiniões foi sintomático de nossos tempos e de nossa confusão. Sabemos que a ciência não é mais algo objetivo, um edifício firme e piramidal, mas algo muito mais ilusório, misterioso, fascinante e abrangente. Ainda assim, quando falamos sobre ciência no contexto de nossa civilização, invocamos a imagem de uma deidade infalível. A triste verdade é que a nova visão sobre a natureza da ciência ainda não se tornou parte de nossa nova visão sobre o mundo; ainda não penetrou com profundidade suficiente em nossas escolas para impedir-nos de ser criados e educados, mesmo agora, dentro do regime da ciência do século XIX.

A ciência recentemente transcendeu seu modelo mecanicista. A história da ciência transcendendo a si mesma é uma magnífica manifestação do principal *modus operandi* da evolução — transcendência incessante e contínua. Agora, depende de nós permitir que nossas mentes transcendam seu confinamento mecanicista e outras armadilhas deterministas, de modo a gerar uma nova visão de mundo — que possa, pelo menos, estar de acordo com os horizontes recentes da ciência.

3

Mapeando as Teorias da Evolução

O número de teorias da evolução é enorme. Uma primeira aproximação produz dores de cabeça e confusão ao invés de iluminação e compreensão. Essas várias teorias algumas vezes chocam-se entre si e outras não, porque tratam de problemas diferentes e, na verdade, de realidades diferentes. Podemos organizar as várias teorias da evolução de acordo com os problemas a que se propõem responder. Há todo um espectro delas, iniciando com as teorias científicas e terminando com as teorias "cósmicas". Dentro desse espectro, podemos encontrar ao mesmo tempo teorias da evolução epistemológicas, filosóficas e escatológicas (veja a ilustração).

As teorias científicas da evolução relacionam-se com as seguintes questões: como evoluiu a matéria? Como surgiu a vida? Qual é a estrutura genética/molecular da vida? Podemos explicar tudo sobre a vida através dos componentes físicos/químicos básicos? Qual é o papel das qualidades características na formação de novas espécies? As disciplinas dentro das quais essas questões são levantadas e discutidas são a biologia molecular e a biologia evolucionária, mas também a zoologia comparativa, a citologia, a etologia etc. Se realmente olharmos para o problema com perspicácia, compreenderemos que sempre que os cientistas examinam questões mais amplas concernentes à evolução, como a origem da vida, sutil e invariavelmente se afastam de seus domínios

53

científicos especializados. Entram em águas mais profundas. Simplesmente *especulam*.

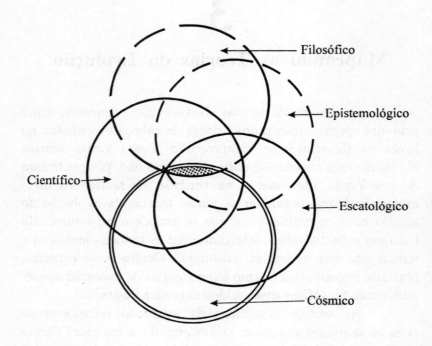

As teorias epistemológicas da evolução (epistemologia é outro nome para a teoria do conhecimento) tratam de problemas mais gerais tais como: quais são os mecanismos específicos da evolução? Quais são os tipos de sistemas que existem na natureza? Qual é o papel do cérebro/mente na evolução? Qual a especificidade do conhecimento que é peculiar à nossa compreensão da evolução? Qual é a relação desse conhecimento com o conhecimento estritamente científico? Entre os tratados específicos para esta linha de investigação podem ser mencionados os de Gregoire Nicolis e Ilya

Prigogine [*Self-Organization in Nonequilibrium Systems* (Auto-organização em Sistemas Não-Equilibrados)]; Eric Jantsch [*The Self-Organizing Universe* (O Universo em Auto-Organização)]; e Gregory Bateson [*Mind and Nature, a Necessary Unity* (Mente e Natureza, uma Unidade Necessária)].

Os problemas epistemológicos da evolução sempre chamaram a atenção dos cientistas, filósofos e também de teólogos, uma vez que se relacionam com a origem e o vir-a-ser das coisas. Os problemas epistemológicos da evolução estão, talvez, no centro de nossas preocupações atuais. Eles possuem maior "respeitabilidade" do que outros problemas extracientíficos da evolução: tentam estabelecer estruturas que são rigorosas ou semi-rigorosas e, assim, satisfazer nossa busca pelo preciso e definitivo.

Os problemas *filosóficos* da evolução investigam as seguintes questões: Como podemos avaliar nosso conhecimento da evolução? Qual é a natureza da evidência na evolução como um todo? Qual é o significado do termo evolução? Qual é a relação entre nossa compreensão da evolução e o significado da vida humana? Há uma grande área comum, nos problemas da evolução, entre os pontos de vista científico, epistemológico e filosófico. Qualquer problema ou teoria da evolução que vá além do estritamente científico pode ser denominado filosófico. Assim, o discurso mais significativo sobre a evolução é invariavelmente filosófico, estejamos ou não conscientes disso.

Os problemas e teorias escatológicas da evolução são os mais emocionalmente carregados (escatologia é a disciplina ou o ramo de investigação que diz respeito às metas e fins primordiais da vida humana). Entre os problemas escatológicos encontram-se: qual é o significado da evolução dentro do contexto humano? E, inversamente, qual é o significado da vida humana dentro do contexto da evolução? Estaria o significado da vida humana inextricavelmente ligado ao significado do conjunto da evolução e, se assim for, qual é o sentido último de ambas? Somos responsáveis por levar adiante o ônus e a glória da evolução? Se assim é, por quê? O propósito de todas as religiões (incluindo as seculares, como o marxismo) é escatológico — a redenção do indivíduo. Quer busquemos essa redenção em um céu transcendental ou aqui na Terra, esta idéia nada mais é que a cristalização do significado humano. Nos dias de hoje, o fenômeno da evolução — autotransformador e dotado de espiritualidade — é o contexto para este significado; a evolução é vista muitas vezes como o caminho que conduz à redenção.

As teorias cósmicas da evolução estão estreitamente relacionadas com as escatológicas, mas, como era de se esperar, seu alcance é ainda mais amplo. Expressam-se em questões como: qual é o significado do destino humano frente ao destino cósmico? Qual é o significado do cosmo, e o lugar da evolução nele? Qual é o papel do Cristo cósmico (ou universal) na evolução? O misticismo e todo o corpo de ensinamentos esotéricos oferecem um conhecimento especial ou *insights* sobre as questões cósmicas da evolução? Existiriam duas realidades separadas, governadas por dois conjuntos separados de leis, de modo que não podemos compreender tudo a que se referem até que, e a menos que, tenhamos compreendido o significado da lei cósmica?

Essa breve revisão das diferenças na natureza dos problemas evolucionários deve conscientizar-nos de que é inútil tentar responder a algumas das amplas questões escatológicas (tais como "qual é o significado da vida do homem frente ao significado da evolução") através de preceitos estreitos e categorias restritas da ciência. E é perigoso tentar usar as categorias escatológicas nos problemas estritamente científicos e descritivos, tais como os mecanismos de reprodução.

É prudente que se compreenda, contudo, que a variedade das teorias da evolução corresponde à variedade dos aspectos de nossa existência. É também prudente compreender que há uma área de sobreposição onde todos os nossos questionamentos encontram-se: o ponto focal de convergência que significa a unidade do homem em meio à sua própria diversidade.

Dado o amplo espectro das teorias evolucionárias, perguntemos a nós mesmos qual é a investigação mais legítima: indagar sobre a estrutura do DNA como portador do material genético, portanto capaz de lançar luz sobre a evolução da vida, ou indagar sobre o significado do ponto ômega[6], o qual, mesmo que seja apenas uma hipótese relativa às possibilidades da evolução, é tão fascinante e lança tanta luz sobre nosso passado e presente? Quem pode dizer que uma questão é mais legítima do que a outra? Do ponto de vista da nossa busca por iluminação, ambas são legítimas. Mas sua legitimidade deriva de tipos diferentes de questões e campos diferentes de conhecimento. Curiosa e significativamente, ainda que diferentes dentro do espectro de todo o conhecimento, estas duas questões são maravilhosamente especulativas. Inquestionavelmente, a pesquisa concernente à informação genética e à forma em que está contida dentro dos genes é altamente

---

[6] Ponto ômega: conceito elaborado por Teilhard de Chardin no livro *O Fenômeno Humano,* e que corresponde ao ponto central de todas as formas de consciência. O ponto ômega soma e reúne toda a consciência acumulada na Terra. Sua função cósmica consiste em "atrair e sustentar sob sua influência todas as partículas reflexivas do mundo", e ele reúne em si o espaço e o tempo. (N. ed. bras.)

especulativa: não podemos jamais ver a informação enxerta-
da em algum gene. Tudo isso está baseado em conjecturas
imaginárias. Não devemos aclamar a imaginação quando ela
se relaciona aos assuntos científicos e condená-la quando se relaciona com os estágios últimos de nossa jornada evolucionária, pois isso seria pura hipocrisia. A investigação sobre o significado e sobre a extensão do ponto ômega está entre as buscas legítimas da mente e da imaginação humanas. Nossa jornada em busca de conhecimento não está terminada. A natureza
das questões que serão consideradas legítimas no futuro distante pode vir a superar nossas suposições mais fantásticas.

4

Sobre a Correta Compreensão

Compreender a natureza da ciência é compreender a natureza de seu crescimento. Compreender a natureza da evolução é compreender como ela transcende a si mesma.

Compreender a natureza da evolução é o começo da sabedoria.

Evolução é tudo. E nada há além. Além da evolução nada existe. Ela significa o processo que gerou o todo. Gerou, mas não é gerada. Ela é, portanto, o primeiro movimento das coisas. O que existia antes da evolução, não sabemos. Uma vez iniciada, a evolução é o processo e o produto; o ponto de partida e o ponto de chegada.

Ter uma visão correta sobre a evolução não é apenas possuir um conhecimento importante; é possuir também formas corretas nas quais é possível contemplar nossa experiência. Escolher a teoria da evolução correta significa escolher a perspectiva correta sobre a realidade, possuir o tipo certo de modelo para interagir com a realidade, o que significa também o tipo certo de modelo para a própria vida.

Possuir e contemplar uma teoria correta de evolução é compreender o ritmo e a dialética da evolução. Mas significa também nos entrelaçarmos neste ritmo e respirarmos com ele. Respirar o ritmo da vida é estar uno com ela, ser curado por ela. Assim, o conhecimento correto sobre a evolução é autocurativo no sentido do desempenho da vida na maneira correta.

59

Entretanto, a evolução não é algo simples. Suas dialéticas são desconcertantes. A evolução move-se em harmonias que estão sendo continuamente restabelecidas, o que significa também que estão continuamente se rompendo. Somos parte dessa harmonia que se quebra e sempre se restabelece. A alegria do vir-a-ser está todo o tempo acompanhada pela dor de deixarmos nossos invólucros mais antigos, que significam nossos eus mais antigos. Compreender as dialéticas da harmonia da evolução é sermos capazes de ver que os equilíbrios são rompidos, não sem um motivo, mas para que o novo possa ser criado, de forma que o processo de transcendência possa prosseguir. A transcendência é a chave para compreender as dialéticas e a harmonia da evolução; portanto, a própria evolução possui a chave da compreensão de nós mesmos. Ser, no sentido evolucionário, é transcender continuamente.

5

Teilhard e Soleri

Pode-se apenas expressar admiração pela mente de Teilhard de Chardin (1881-1955) que, praticamente sozinho, elevou a evolução dos áridos domínios do darwinismo social ao iridescente reino da matéria que se autotransforma em espírito na trajetória para o ponto ômega. A coragem de sua mente para seguir de forma inabalável o plano que lhe parecia correto, a tenacidade e a destreza em tecer a imensidão de fenômenos e processos em uma estrutura de grande complexidade e assombrosa beleza estão entre os efeitos intelectuais sem par do século XX. Ninguém que escreva sobre evolução na segunda metade do século XX pode ignorá-lo, mesmo não concordando com ele. Ainda que com relutância, um número cada vez maior de cientistas está aceitando sua contribuição.

Por que Teilhard recebeu um tratamento quase grosseiro da comunidade científica? Porque significou uma ameaça muito grande a toda a estrutura e ideologia da ciência. Estranhamente, a hostilidade (ou pelo menos o nervosismo) em relação a Teilhard não se baseou no fato de que suas idéias podiam mostrar-se falsas dentro do universo da ciência. Suas idéias eram claramente de uma espécie que nunca poderia ser comprovada nem invalidada pela ciência; portanto, não era possível qualquer refutação científica.

Pode-se afirmar que em seu entusiasmo messiânico ao pretender tornar a evolução uma deidade universal, ultrapas-

61

sou seus limites e reivindicou mais do que pôde justificar. Mas qual foi o filósofo importante que não o fez? Seu principal tratado, *The Phenomenon of Man* (O Fenômeno Humano), não é científico, embora Teilhard assim o quisesse. Nem é essencialmente um tratado teológico, ainda que Teilhard curve-se um pouco para acomodar sua visão ao catolicismo ortodoxo predominante. É essencialmente um tratado cosmológico, uma nova maneira de articular o cosmo. O papa João Paulo II chamou Teilhard de grande fenomenalista do cosmo, e estava certo.

Eu disse que Teilhard, praticamente sozinho, transformou nossa visão da evolução do prosaico para o celeste. Isso não é bem assim. Ele teve um valioso predecessor, o filósofo francês Henri Bergson (1859-1941), sem o qual a aventura de Teilhard dificilmente teria sido possível. É interessante notar que Bergson nasceu no ano em que foi publicada a famosa obra de Darwin, *A Origem das Espécies*. Mas, com Bergson, inauguramos uma nova época de nossas visões sobre a natureza criativa da vida. Os dois conceitos mais poderosos da filosofia de Bergson são a evolução criativa e o elã vital. Nada poderia caracterizar seu sistema mais sucintamente do que esses dois conceitos, que formam uma ponte entre Darwin e Teilhard. A principal obra de Bergson, *Creative Evolution* (Evolução Criativa), elegante, lúcida, inspiradora, foi publicada em 1911. Em 1913, Teilhard leu-a, e ela se tornou uma inspiração para a vida toda.

A influência de Bergson sobre Teilhard foi maior do que ele quis admitir. O espírito da evolução criativa permeia cada vez mais sua visão. Os racionalistas belicosos da primeira metade do século XX, incluindo Bertrand Russell, acusaram Bergson de irracionalismo e de tentar resolver muitos problemas de um só golpe. De fato, em *Creative Evolution*, Bergson tenta resolver de uma só vez os problemas concernentes à evolução, à mente, à matéria, à memória, ao tempo e ao livre-arbítrio. O idioma filosófico da época movia-se em direção às análises lógicas, simples, sóbrias e minuciosas. Bergson era claro no sentido de que "a filosofia pode apenas ser um esforço para dissolver-se outra vez no todo". Teilhard incorporou totalmente este *insight* em seu pensamento.

Teilhard também sustentou, juntamente com Bergson, que a matéria inanimada presta-se com perfeição à intelecção abstrata, enquanto que, ao se penetrar no reino da vida, "devemos adotar uma atitude especial em relação a ela" e examiná-la com uma espécie de visão diferente da utilizada na ciência física. A aquisição desse outro tipo de atitude em relação à vida dificilmente chega a todos nós, condicionada como é pela ciência física e objetivista. O abismo algumas vezes é tão grande que os cientistas dizem (e sem dúvida acreditam) não saber "sobre o que se está falando", quando nos referimos a essa atitude especial em relação à vida. O processo de elevar nossa consciência, até que possa responder ao chamado da Reverência pela Vida (assunto que tanto apaixonou Schweitzer) está ligado à aquisição dessa atitude especial em relação aos seres vivos. Essa atitude pode ser o elemento mais importante em nossa compreensão da evolução como processo criativo; é também um pré-requisito da empatia e da compaixão como formas de compreensão.

Seja qual for a influência exercida por Bergson, a obra de Teilhard é exclusivamente sua. Ele é seu melhor expoente. *The Phenomenon of Man* (O Fenômeno Humano) não é apenas uma grande aventura da mente, mas é também um ABC do pensamento *evolucionário*. Não tentarei resumi-lo aqui. Ao invés disso, abordarei três conceitos que são especialmente importantes à visão geral de Teilhard: complexidade, amor e ponto ômega.

A evolução ocorre através de uma crescente complexidade de organismos e sistemas. A complexidade, a seu tempo, engendra consciência. Há, portanto, este extraordinário laço que pode ser chamado complexidade/consciência. O papel da complexidade no desenvolvimento do panorama evolucionário é dos mais notáveis. Em um nível, é uma mera descrição do grau de organização da matéria; em outro nível (o da consciência e da autoconsciência), é um princípio criativo da transformação de sistemas inteligentes menos conscientes em sistemas cada vez mais conscientes.

A importância epistemológica da idéia da complexidade não foi ainda totalmente compreendida nem explorada. Se a complexidade é a chave para a transformação de todos os processos vivos, então, isso significa que a *epistemologia da evolução deve estar enraizada em nossa compreensão da natureza da complexidade*. Reflitamos sobre como é extraordinário que, através do mero aumento da complexidade, obtenhamos *novos sistemas* conscientes. A complexidade é, pois, este processo que produz o real a partir do potencial. Mais do que isso: ela até mesmo cria o potencial. Quanto mais complexo o sistema, maior capacidade de desempenho ele possui e, portanto, mais potencialidade contém. Se é assim, então a complexidade surge como um conceito crítico da evolução — a fonte oculta que guia o intricado estado de nosso processo de compreensão.

Mas há um problema aqui, pois pareceria que "quanto mais avançado, tanto mais complexo". Entretanto, quando olhamos para os produtos da cultura humana, algo diferente aparece. As mais grandiosas obras de arte *são tão simples*. O mesmo acontece em relação ao nível das realizações espirituais do ser humano: o amor, a graça e a compaixão são tão simples. E, por fim, o ponto ômega. Apesar de sua estonteante complexidade, ele deve ser a própria expressão da simplicidade. Talvez nossa linguagem seja insuficiente neste nível do discurso. Talvez a relação entre o simples e o complexo seja mais *complexa* do que nossa linguagem pode transmitir. Talvez a simplicidade deste relacionamento revele-se quando *nós* nos tornarmos mais complexos; neste sentido, isto é, no sentido em que Lyall Watson refere-se ao cérebro: "Se nosso cérebro fosse tão simples que pudéssemos compreendê-lo, *nós* seríamos tão simples que não poderíamos compreendê-lo".

Em nossas criações simbólicas, transmitimos muito através de muito pouco; acima de tudo, expressamos a *essência*, que brilha através da substância material. Talvez a explicação do dilema seja que, ao metamorfosear a si mesma em espírito, a matéria passa por um incrível trauma de complexidade para se tornar subitamente simples, na manifestação simbólica de beleza, graça e santidade. É assim que vejo o fenômeno da Afrodite de Knidos. O processo geológico que terminou na criação do mármore foi muito complexo. O processo criativo do escultor fazendo a estátua foi também muito complexo. Mas o significado simbólico do produto final é assombrosamente simples. Há um dilema aqui, um fascinante enigma da evolução, ou seja, que, às vezes, sua crescente complexidade resolve a si mesma em padrões de delicada simplicidade.

Outro dilema que Teilhard propõe a todos nós é o seu conceito de amor. Ele reivindica que o amor é a *afinidade do ser com o ser*, e, como tal, não é peculiar ao homem. "É uma propriedade de todas as formas de vida e, portanto, abrange todas as formas de matéria organizada... Reconhecendo essa presença em nós, devemos (como fizemos com a consciência) *presumir sua presença em tudo que existe*" [*The Phenomenon of Man* (O Fenômeno Humano), p. 290].

Não considero esse conceito útil. Na verdade, vejo-o como equivocado, pois retira a excepcionalidade do fenômeno do amor. Se o amor está espalhado por todas as formas de matéria organizada, então nada há de excepcional sobre ele nos seres humanos. Concordo, nessa questão, com Arnold Toynbee, que insiste que "o amor e a consciência são produtos da evolução, do estágio no qual a evolução gerou o animal social humano".

Se *admitimos* que ambos, a consciência e o amor, são atributos latentes de toda a matéria, então devemos também admitir que *tudo* que vem a surgir na evolução já se encontra de algum modo ali estocado. Mas, se admitimos isso, fazemos da evolução um processo um tanto *trivial*, o agente que apenas revela o que já está presente. Da mesma forma, tornamo-nos vulneráveis ao argumento de que a evolução está à mercê do Plano Divino, da harmonia preestabelecida, ou simplesmente, do desígnio de Deus. Assim, removemos da evolução seu poder criativo.

Mas a evolução permanece sempre criativa. O conceito de emergência em evolução é de importância fundamental. A evolução não avançou conforme qualquer curso predeterminado. Enquanto cria certas opções, descarta outras, exatamente como acontece na vida humana. As qualidades emergentes da evolução são simplesmente aquelas que *emergiram* como resultado dos desenvolvimentos contingentes na mesma, e não por terem sido programadas no processo evolucionário. Se este fosse o caso, não poderíamos falar de evolução emergente, mas de evolução pré-programada. Portanto, temos que decidir: ou a evolução é criativa e emergente, logo não-determinista, ou é inteiramente programada e, assim, determinista desde o início. De acordo com meu ponto de vista, é apenas ao aceitarmos a primeira alternativa que podemos dar um sentido para a evolução em termos humanos; que podemos falar de responsabilidade dentro da estrutura evolucionária; que podemos falar sobre nossa vontade e liberdade enquanto contribuímos para o processo criativo da evolução. Se tivéssemos que aceitar a última alternativa, seríamos todos reduzidos a marionetes pré-programadas.

O terceiro dilema que gostaria de discutir trata do ponto ômega diante do Cristianismo. Começarei diretamente com esse dilema. Há uma profunda inconsistência na visão de Teilhard sobre evolução. Por um lado, significa para ele um processo de expansão *para a frente*, que culmina no ponto ômega, no final dos tempos, e, por outro, é um processo *de volta* ao Deus original cristão.

Na tentativa de subordinar o ponto ômega à teologia cristã, Teilhard solapa a razão de ser da evolução enquanto processo em expansão e auto-realizador, pois se a evolução é um retorno a Cristo, um retorno ao Paraíso original, então ela apenas recapitula o passado. Se, por outro lado, a evolução está realizando a si mesma e estará apenas realizada no final dos tempos, então não há retorno ao Paraíso Perdido, *pois nunca houve um Paraíso*. Havia apenas um início incoerente e tosco. As escassas metáforas literárias tais como a história da civilização começando em um jardim e terminando em uma cidade (o Éden e a Nova Jerusalém) são de pouco auxílio. Essas histórias são profundamente influenciadas pela linguagem e pelo padrão da tradição judaico-cristã, baseada na noção do Paraíso Perdido a ser reconquistado. A hipótese ômega da evolução afirma, no entanto, que nunca retornamos, pois a evolução é uma flecha feita com arame farpado.

Gostaria de elaborar um pouco esse dilema, uma vez que é de grande importância. Se reconhecemos a noção e a autoridade de Deus conforme concebido nas religiões tradicionais, em especial no Cristianismo, nossa evolução, incluindo a moral e a espiritual, está completada. O que podemos fazer, e é a única coisa possível de ser feita, é *retornar* ao Paraíso Perdido, readquirir virtudes que nos foram outorgadas por Deus-o-Criador-Original. Se, contudo, vemo-nos como seres espirituais incompletos, como seres apenas na infância da sua evolução, então, simplesmente, não podemos aceitar a noção tradicional de que Deus nos fez perfeitos. Nossas alegadas perfeições tornam sem sentido nossas verdadeiras imperfeições. Quando contemplamos nossos inícios primordiais na poeira cósmica, eles parecem bem distantes do caráter divino. Nossas verdadeiras imperfeições podem, assim, ser bem compreendidas, da mesma forma que nosso esforço por perfeição. Tornamo-nos divinos apenas no final de nossa jornada, não em seu início, e, somente, se realizarmos Deus em nós mesmos, pois Deus está-se formando dentro de nós. Deus é espiritualidade realizando-se a si mesma dentro de nós. A idéia do Deus interior faz perfeito sentido. Quanto mais adiante seguirmos em nossa jornada evolucionária, mais próximos poderemos estar Dele. Nossa jornada, portanto, é transcender mais e mais, e nunca retornar, pois um retorno representa uma perda em relação à graça. Assim, a evolução resolve o dilema intratável das religiões tradicionais: como explicar as imperfeições do homem e, ao mesmo tempo, reivindicar que ele é um ser divino.

Há uma maneira de incorporar o Cristo no plano evolucionário, qual seja, tratando Jesus não como Deus, um ponto final do destino e dos esforços primordiais, mas como um símbolo, uma inspiração, uma lembrança de que, até mesmo neste estágio inicial de nossa jornada evolucionária, nós *somos* capazes de tanta graça e divindade. Neste caso, a consciência do Cristo torna-se não tanto a identificação ritualística com o corpo ou o sangue de Cristo, mas é a chama imaginária que ilumina nossos caminhos em direção de maior graça e consciência, e uma lembrança constante de qual deveria ser nosso destino.

Paolo Soleri (nascido em 1919), talvez o seguidor mais criativo da visão de Teilhard, cristalizou sua essência em concreto e pedra. Ele se perguntou: se pensamos sobre a evolução após a autoconsciência e cultura terem emergido, quais são os instrumentos principais dessa evolução? Civilizações. Se pensamos sobre as civilizações como promovedoras da evolução, quais são os principais veículos da civilização? Cidades.

Se pensamos sobre as cidades como os principais veículos da civilização, quais são seus aspectos mais importantes no desempenho de sua função? A acumulação e integração das artes e habilidades, do aprendizado e das realizações, dos credos e das ocupações, da logística e das instituições sociais.

Se consideramos as atuais cidades como falhas nesses aspectos (sua função mais significativa), quais são as principais causas de sua decadência? Desintegração e dissociação; excessiva especialização e cruel polarização; alienação das instituições sociais em relação às preocupações humanas; distanciamento de todo o *ethos* — o caráter ou espírito — das cidades em relação ao sentido geral da evolução.

Se pensamos em possíveis meios de regenerar as cidades atuais — tornando-as novamente instrumentos para a elevação da civilização e para o crescimento da consciência humana e espiritualidade do homem —, quais são os possíveis remédios? A reintegração das cidades, tornando-as organismos radiantes: sua reconstrução à imagem do homem.

É nesse ponto que Soleri e sua idéia de arcologia tornam-se relevantes. A arcologia representa a fusão da arquitetura com a ecologia. É a arquitetura ecológica em nossa era de crise ecológica. Em um sentido mais específico, a arcologia designa uma nova concepção de cidade, de hábitat urbano integrado, radiante, que funciona bem, que sustenta a vida, feito à imagem do homem. Pois as arcologias são instrumentos ecológicos de crucial importância para levar adiante o processo da civilização e, portanto, o aumento da consciência do homem.

A arcologia é uma expressão da inabalável convicção de que nosso destino evolucionário está em nossas mãos. Ela proclama que somos a evolução consciente de si; que a evolução, ao se auto-realizar através de nós, exige a criação de novas condições. Para Soleri, essas condições deveriam facilitar um processo adicional de miniaturização, que é como ele denomina o processo de complexidade/consciência em seu contínuo desenvolvimento. Sem dúvida, a aventura de Soleri é uma tentativa de grande alcance de traduzir a visão de Teilhard em termos arquitetônicos, ambientais, sociais e estéticos.

Expresso, agora, algumas reservas. Soleri deixou-se, de tal forma, levar pela graça do ponto ômega, pela beleza *infinita* e pelo ponto último da nossa jornada (que, afinal, são extrapolações de nossa mente atual), que tende a pensar nossas conquistas presentes (isto é, as conquistas atuais da evolução) como algo bastante desprezível. Em sua opinião, nada temos, ainda, para celebrar.

Em minha opinião, temos muito o que celebrar. Somos desde já divinos, ainda que nossa divindade esteja empalidecida. O *imanente* é parte do *transcendente*. Seja o que for que fizermos da graça no estágio final de nossa jornada, o que temos conhecido em nossa própria experiência até aqui é apenas o aumento da graça. Se não conhecêssemos a graça agora, não poderíamos conceber a graça infinita. Ao considerar tão insuficientes as aquisições atuais da evolução, Soleri diminui o valor transformador potencial da graça e do amor. Assim como Teilhard enaltece o amor, vendo-o incorporado até mesmo em rochas, Soleri faz muito pouco dele.

O rebaixamento de nossa condição atual de graça e divindade conduz a algumas conseqüências existenciais importantes. Se o que temos é tão pouco, se o que um indivíduo pode contribuir é ainda menos, se é que de fato contribui, então qual é o sentido de falar sobre tomar em nossas mãos a responsabilidade pela evolução futura? Os destinos humanos individuais são considerados totalmente insignificantes. Este tipo de filosofia representada em Arcosanti, a primeira arcologia em construção (no Arizona central, sob o comando do próprio Soleri), faz com que os residentes sintam-se desanimados e interiormente esmagados: sua contribuição e sacrifício parecem muito pouco.

O fato é que nunca devemos tratar os outros como instrumentos. Os destinos humanos individuais são tão importantes quanto o processo de construção de Arcosanti. Nunca devemos sacrificar indivíduos pelo bem de uma idéia, pois se a idéia for correta deve elevar os indivíduos, não oprimi-los.

Soleri gosta de falar da "estruturação antes do desempenho", o que significa que primeiro se constrói o ambiente físico, estruturação de uma nova cidade, e só depois nós a fundimos com o conteúdo espiritual. A insistência contínua na estruturação, armação, na construção do edifício e no processo de construção têm sido tão forte que alguns pensam em Arcosanti como um lugar não-espiritual; outros o vêem como um extraordinário trabalho da tecnologia que implicitamente promove o ateísmo. Aqueles que vivenciaram Arcosanti com alguma profundidade sabem que é um ambiente de elevação da vida e, potencialmente, um lugar espiritual. Entretanto, a evolução nunca constrói uma estrutura primeiro e a preenche com conteúdo depois. "A morfologia recapitula o Espírito", diz Teilhard.

A criação de ambientes corretos deve seguir passo a passo a criação de pessoas corretas, de pessoas com mentes corretas, sensibilidades corretas. O imanente é parte do transcendente. A reconstrução de nosso eu interior é uma parte da reconstrução do ambiente mais amplo do qual somos parcela intrínseca. Soleri parece acreditar, de modo passional, que não podemos diretamente desejar ser diferentes do que somos, mas podemos escolher o que poderíamos ser agora ao escolher o ambiente que nos moldará. Entretanto, é também verdadeiro que não podemos esperar criar um novo ambiente, na verdade, uma nova realidade em volta de nós que nos molde de maneira favorável, a menos e até que nos adaptemos interiormente para permitir que o ambiente nos influencie em termos positivos. Ambientes belos percebidos por mentes feias não produzirão diferença nos destinos humanos. Apenas aqueles que são sensíveis o suficiente podem perceber o ambiente de forma sensível. A "realidade" exterior é sempre co-criada por nossas sensibilidades. Assim, nenhum ambiente exterior pode fazer por nós o trabalho de nossa reconstrução interior.

Arcosanti é ainda *potencialmente* um dos lugares nos quais a nova radiância pode emergir. Mas essa nova radiância não emergirá a menos e até que admitamos agora a divindade no homem; a menos que reconheçamos ativamente a reverência pela vida; a menos que a busca espiritual seja reconhecida e perseguida como parte de nossa realidade diária.

A busca eterna do homem para encontrar o caminho correto, seja através da meditação ou através do ambiente correto, não possui uma resposta fácil. O homem no Oriente seguiu o caminho da meditação e vem-se assombrando com as nossas façanhas tecnológicas. Nós, no Ocidente, seguimos o caminho da reconstrução exterior e temos sido surpreendidos por cânceres internos e destruições ambientais externas. O progresso material é hoje uma estruturação vazia. Em Teilhard precisamos encontrar uma organização adequada ao próximo estágio de nossa jornada evolucionária, que é um estágio de nossa jornada espiritual, o qual incluirá não apenas alguns poucos *Brahmins* seletos, mas toda a humanidade.

6

Misticismo Racional

"É importante ter uma premonição secreta das coisas desconhecidas. ...é necessário sentir que se vive em um mundo em alguns aspectos misterioso; que coisas acontecem e podem ser vivenciadas permanecendo inexplicáveis; que nem tudo que acontece pode ser antecipado. O inesperado e o incrível pertencem a este mundo. Somente então a vida é completa" (Carl Jung). Somos os herdeiros de um tremendo acúmulo de conhecimento, e de uma tremenda confusão. Conquistamos a lua, conquistamos o Everest, fazemos com que as proezas físicas de nossos atletas atinjam limites sempre novos. Todavia, nunca investigamos a nós mesmos interiormente. E nossos códigos morais estão em pedaços.

Herdamos pelo menos três códigos morais, um enxertado no outro. Temos a tradição judaico-grega-cristã, a tradição renascentista e a tradição científico-positivista. Cada uma delas reivindica uma parte de cada um de nós. Juntas, nos desintegram.

A razão e o misticismo estão irregularmente distribuídos nestas tradições. Uma vez que estamos confusos a respeito de toda nossa herança, estamos confusos sobre o lugar que a razão e outras faculdades, incluindo o misticismo, devem ter no plano de nossa vida e existência.

Quando refletimos sobre a relação entre razão e misticismo, precisamos retroceder mais ou menos três mil anos, até antes que a tradição racional ocidental iniciasse, nitidamente, sua cristalização nas imediações do mar Egeu; antes que o gênio grego e sua particular marca de racionalidade começassem a moldar nossa razão e nossa percepção. Antes dessa época, o Oriente e o Ocidente ainda não se tinham separado; o misticismo era uma forma de razão, e a razão, uma forma de misticismo. Assim é nos *Upanishads*. E assim é na aurora do florescimento da mente grega, com Pitágoras, Anaxágoras e mesmo Platão. Apenas com Aristóteles começamos a categorizar, separar e definir.

Aristóteles foi o inventor do racional, concebido como aquilo que pode ser abstraído e separado do resto e no qual podemos colocar um claro rótulo definitivo. Desde então tendemos a pensar que, se podemos definir as coisas, por conseguinte, nós as conhecemos e compreendemos. Contudo, definições podem ser mortais para o sentido mais profundo da compreensão. De extrema importância é o conhecimento contextual. O contexto determina o significado: o contexto da língua, da cultura, dos estilos de vida. O significado definitivo *separa* cada palavra do contexto da língua e da cultura e trata-a como um átomo independente e separado. Ele então faz dos átomos estruturas moleculares e insiste ou pretende que a vida da cultura e do espírito deveriam adequar-se a estas estruturas moleculares artificiais.

Das várias definições de misticismo, aquela dada pela Enciclopédia Britânica parece-me a mais próxima do âmago da questão. Ela define misticismo como "a experiência imediata da unidade com a Realidade Primordial"; e acrescenta a seguir que a visão mística é inefável, portanto, incapaz de ser posta em palavras. Podemos concordar que o fenômeno do misticismo esteja além da definição. Todavia a linguagem é muito mais que definições. Ela não apenas descreve e define; ela *transmite*. O poder de transmissão através da linguagem é, algumas vezes, um tanto milagroso. Através desse poder de transmissão, podemos nos aproximar do fenômeno do misticismo. Na verdade, a própria linguagem pode ser a fonte de misticismo, como a poesia, quando nos transporta tão longe e tão profundamente para dentro de "outro reino" que nos tornamos unos com o todo. A linguagem é, dessa forma, o instrumento de nossa visão mística, ou, pelo menos, de nossa experiência mística.

Uma experiência da realidade é sempre, de certo modo, a experiência da Realidade Última, pois a "Realidade Última" é um aspecto da "realidade comum" e vice-versa. Há uma realidade em torno de nós e não inúmeras delas. Contudo ela pode ser vivenciada de formas diferentes, com vários graus de intensidade, riqueza e envolvimento, segundo o poder de nosso discernimento, percepção e conhecimento. Envolvimento e absorção totais são pré-requisitos da experiência mística de qualquer realidade. Imparcialidade e objetividade frias (características da atitude científica) são antitéticas à experiência mística; por isso os cientistas, exceto aqueles com a visão de um Einstein, são maus místicos; sua imparcialidade impede-os de entrar nesse outro campo de experiência. A submersão total na contemplação de uma flor, por um segundo ou dois, é uma forma rudimentar de experiência mística.

Somos todos místicos, pelo menos em pequeno grau. Toda experiência que transforme de modo intenso nosso ser e afete nossa visão pode bem ser chamada de experiência mística, pois tal experiência encontra-se invariavelmente além de nossa razão.

Todo ato de compreensão é na verdade um mistério. Cada vez que uma centelha atravessa nossa mente e podemos retê-la e compreendê-la, trata-se de uma ação da graça. Colocado de maneira paradoxal: é bastante incompreensível que compreendamos o que quer que seja. Quando a mente é posta em movimento, sempre ligamos a escuridão e a luz, o misterioso e o natural, o racional e o místico.

O surgimento da mente e o fenômeno da mente em si estão entre os mistérios supremos da existência humana e da existência do universo. O fato de conhecermos o que quer que seja é um mistério. O fato de portarmos um esplêndido e radiante sol em nós, a mente, que ilumina e nos permite ver, é um milagre, que nada tem a perder diante de qualquer outro milagre que já nos tenha sido dado presenciar. O cérebro, massa de matéria cinzenta, tão pequeno e curioso em sua forma, quando é usado pelo homem passa a ser a luz que ilumina e empresta vida a todo o resto.

O misticismo é um fenômeno muito mais amplo do que sua corporificação religiosa. A questão agora é: se divorciarmos o misticismo da religião tradicional, e particularmente da noção tradicional da divindade, não estaremos empobrecendo todo o contexto da experiência mística e todo o fenômeno da religião? Não necessariamente. Como compreendermos, então, Jesus e Buda? Jesus e Buda são as primeiras aproximações para Deus, os primeiros esboços de Deus-em-formação. São demonstrações da *possibilidade* de Deus, não a afirmação de sua realização e *finalidade*. Compreendemos o sentido do Cristo e a significação do Buda, compreendemos a forma na qual são símbolos de Deus, mas apenas na medida em que houver uma centelha de divindade em nós, apenas na medida em que nos tivermos tornado, mesmo que em pequena escala, centelhas da divindade. Não é provável que árvores e rochas partilhem nossa noção de divindade, pois se encontram em estágios mais rudimentares da matéria no processo do vir-a-ser do espírito.

Até aqui vimos Deus apenas em manifestações muito fragmentárias, porque apenas fragmentos de Deus emergiram através da evolução e através de nós. Jesus e Buda são dois fragmentos brilhantes. São lembranças permanentes da possibilidade e desafios contínuos em nosso destino, que é também o destino de Deus-em-formação. O misticismo racional afirma:

- que o mistério no mundo é tão natural quanto a queda das folhas no outono;

76

- que existem coisas além de nosso conhecimento, não apenas porque ainda não foram penetradas pela ciência, mas porque o mistério está na natureza do mundo em que vivemos;

- que o inefável e o transcendente são partes de nosso mundo e dão sentido a nossas vidas, ou pelo menos contribuem significativamente para o sentido da vida;

- que a comunhão com toda a família humana e todos os seres é tão racional quanto indispensável. Um laço místico com todos os demais seres é uma precondição de nosso sentido de fazer parte de algo maior, sem o qual permanecemos sem rumo;

- que, dentro do alcance de nossa mente, possuímos faculdades que vão além do estritamente racional e nos permitem captar aspectos do conhecimento que são aparentemente transracionais: sendo peculiar ao humano, a racionalidade é uma faculdade de autotranscendência;

- que o aparecimento da mente é um dos mistérios permanentes. Quando passamos da mente para a realidade e da realidade para a mente, percorremos uma passagem misteriosa;

- que a racionalidade e o misticismo são aspectos de uma ampla variedade de conhecimentos, começando na ameba e alcançando o ponto ômega;

- que a poesia continuamente transcende a realidade que descreve e é, portanto, uma expressão do misticismo racional.

7

Fé

Alguns pensam que a fé é espúria, que pertence a um estágio primitivo da existência humana e é indigna de um homem iluminado. Isso é um equívoco. A fé é essencial ao nosso bem-estar. A fé é uma condição necessária de nossa existência ontológica. No nível humano, o conjunto de nossas idéias sociais e morais, o tecido da cultura e dos símbolos, é vasto e elaborado. Podemos manter este vasto substrato simbólico e, por seu turno, ele pode-nos manter, se acreditarmos no sentido e na expressão do universo que nos cerca. A fé é, assim, a pedra angular do significado, uma precondição de nossa vida.

No fenômeno da fé, encontramos uma expressão do misticismo racional. Moldamos nossa vida o tempo todo por meio de símbolos criados pelo homem. Mas o que são os símbolos? Como eles influenciam nossa vida? Há algum mistério aqui. Imagine algo não-físico, seja a busca pelo Santo Graal ou o desejo de tornar-se um perfeito pianista, que guia nossa vida de tal forma que nos tornamos completamente submissos a isso. Aquelas aspirações maiores, representadas por símbolos, nos puxam de cima. Essa atração é transracional, quase mística. Não existe vida humana que não tenha experimentado este movimento superior.

Dotamos nossos símbolos de significados, e esses símbolos, por sua vez, guiam nossas vidas. Todo o processo é baseado na fé: fé em nossos códigos simbólicos e fé no significado de nossas vidas enquanto relacionadas e expressas através destes símbolos transpessoais. Aqueles a quem falta a fé não apenas abalam o significado de suas vidas; não raramente, quando desmorona a fé, desmoronam também suas vidas, tão fundamental é a fé na estrutura de nossas vidas.

Atualmente, estamos todos imersos em uma nuvem de esmagadora confusão. Nada parece fazer sentido, nada parece ser promissor, prático ou digno de ser empreendido. E, contudo, em tais momentos é que precisamos ser capazes de elevar nosso olhar para além da nuvem de confusão, até os horizontes mais distantes.

Pode ser que *tenhamos* que nos projetar no futuro de modo a ver através da atual confusão, de modo a perceber que o que agora consideramos necessário e inevitável é apenas contingente e tênue. Ao nos projetarmos para o futuro, adquirimos clareza a respeito do presente. Essa clareza é parte de nossa libertação. Nada é mais debilitante do que a crença de que o que é deve, necessariamente, ser.

A vida humana é inerentemente teleológica. O componente teleológico da vida humana significa que a vida não é apenas dirigida, mas também transcendente: superamos continuamente a nós mesmos e às limitações do mundo, esforçando-nos na direção de metas cada vez mais elevadas. Em resumo, a vida humana significa transcendência, significa projeção no futuro. Assim, a projeção no futuro faz parte do significado da vida humana.

A crença no futuro não é um escapismo do presente, mas uma necessidade da condição humana. Ela sempre foi parte da condição humana, pois o futuro está constantemente em formação. Para moldar o futuro, temos que acreditar que possuímos o poder de fazê-lo. Qualquer renovação deve iniciar com a renovação da confiança.

A chama da vida humana queima com a intensidade de nossas vontades e visões. Podemos transformar nossa condição e a transformaremos, mas apenas com a condição de que haja um número suficiente de pessoas entre nós dotadas de vontades fortes e visões claras. A história dos fracassos passados, das buscas às cegas e dos inícios equivocados não constitui evidência da impossibilidade de transformação. A história da evolução em si é a história do erro. Até, e a menos que uma nova mutação produza-se, até que uma nova transformação seja realizada, temos fortes motivos para acreditar que essa transformação não é possível. Imediatamente *antes* de sermos bem sucedidos com algo novo, nossa memória só tem a história de erros e a evidência de fracassos. Os fracassos passados são um mau critério para julgar nossas potencialidades futuras; não podemos extrair a confiança em nossa crença em um futuro mais radiante dos acontecimentos sangrentos de nossa história passada.

Podemos extrair confiança, e devemos fazê-lo, da contemplação da essência de nosso ser interior, de nossa habilidade de conceber o futuro à imagem de um homem transcendente. Não seríamos capazes de imaginar este outro futuro se ele não fosse parte de nossa essência. Ao imaginá-lo, ampliamo-nos e compreendemo-nos: tornamos real o potencial que está latente em nossa existência. Esta habilidade de prever um futuro transcendente não está limitada a alguns indivíduos escolhidos, mas é dada a todos nós, pois todos somos seres em evolução. Cada um está olhando, mesmo que apenas indiretamente, para as estrelas.

Os profetas da escuridão que agora dominam o cenário, e as legiões de pessoas confusas e descaracterizadas que inadvertidamente os suportam, não pavimentarão o caminho para um futuro alternativo. O futuro humano é um conjunto de fantásticas variações tocadas pelo músico chamado cosmo; é um drama imaginativo que o cosmo toca com as suas possibilidades. O cosmo é o músico, nós somos os instrumentos, mas não apenas instrumentos passivos; somos tocadores em conjunto com o cosmo. Uma vez que tenhamos alcançado consciência e autoconsciência, uma vez que nos tornemos cônscios de como tem sido esplêndido e maravilhoso o drama da evolução da vida, tornaremo-nos necessariamente seus co-instrumentistas.

Para ser um músico do cosmo, para ser qualquer coisa, precisamos ter fé, que é o fundamento de todo o significado da vida humana. Viver em fé é viver em graça.

8
Intuição

A intuição é uma forma de conhecimento. O intelecto é uma forma de conhecimento. A revelação é uma forma de conhecimento. O misticismo é uma forma de conhecimento. São todos parte do caleidoscópio da matéria transformando-se em espírito. São todos aspectos da evolução desdobrando-se e buscando novas formas de expressão, que serão chamadas percepções, sensibilidades ou categorias de compreensão, através das quais a evolução irá-se articular ainda mais além.

Para a mente discursiva, a intuição é um mistério. Para nossa própria intuição, a intuição não é de modo algum um mistério. Em nosso interior, *sabemos* que a intuição não apenas é legítima mas também indispensável. Não podemos sustentar ou justificar esse conhecimento — profundamente embasado — através da razão lógica, pois esse conhecimento é anterior à razão lógica. Em última análise, é a intuição que resgata a razão: todos os axiomas da lógica, geometria e matemática são aceitos com base na intuição.

O que é intuição sob um ponto de vista evolucionário? É a memória viva do organismo e, na verdade, da espécie. A intuição é o compositor que orquestra e associa as percepções e concepções do organismo, que coordena as memórias e as percepções em um imenso sistema cibernético. Esse sistema reage ao ambiente incessantemente, de maneira quase

83

automática e, de modo geral, correta. Ele *deve* reagir corretamente, de outro modo pereceríamos. Ainda que aja automaticamente, sua complexidade é simplesmente estonteante. A intuição, o grande agente coordenador, toma para si o trabalho de classificar e simplificar e, portanto, de tornar as coisas manejáveis. Sem ela estaríamos perdidos na corrente infinita da consciência não-organizada. Se tivéssemos de usar a razão em cada ocasião de nossa vida, terminaríamos como o asno de Bouridan, sempre raciocinando e nunca sabendo o que fazer.

Em sua escalada evolucionária, o organismo precisou aprender a jogar o jogo cibernético: agindo e reagindo, retroalimentando-se e ajustando-se a situações complexas com sutileza, acuidade e rapidez. *A soma total deste jogo evolucionário cibernético é chamada de intuição.* Mais precisamente, a intuição é a soma total do conhecimento biológico aprendido pelo organismo durante sua ascensão evolucionária através do processo retroativo (com freqüência de tentativa e erro), que está bem integrado com as sensibilidades do organismo e pronto para o uso instantâneo. Muitas das assim chamadas reações intuitivas parecem *automáticas.* Todavia nada há de automático no organismo humano; tudo é maravilhosamente orquestrado. A intuição é o processo de acionar as camadas de memória apropriadas e os mecanismos apropriados de adaptação a situações às quais o organismo vem respondendo através dos tempos. Lembremos que houve um tempo em que não havia autoconsciência, não havia discurso, muito menos a mente lógica que pudesse controlar nossas estratégias para a sobrevivência. Portanto, essas estratégias foram armazenadas no corpo. Foram armazenadas no olho. A intuição, com freqüência, é a reativação da memória do olho, ou seja, o olho da espécie. O corpo foi naquela época a reserva e o repositório de nosso conhecimento biológico. Ainda o é.

A intuição, em resumo, é a faculdade de controlar os vastos recursos do conhecimento biológico subterrâneo armazenado em nós. Esses recursos podem ser obscuros para a mente discursiva, porém não são desconhecidos para nossos eus interiores. Entretanto, a mente lógica parece muitas vezes negar a validade da intuição como uma forma de conhecimento. Sim, a mente lógica de *alguns* que não têm coragem de penetrar em suas camadas mais profundas e reconhecer a totalidade de seu ser.

Por mais importante que seja a intuição, não devemos negar a utilidade e a grandeza da racionalidade e da razão lógica. Elas também representam belas e inteligentes conquistas da evolução. É algo bastante sagaz possuir uma mente argumentativa que possa racionalizar quase tudo. A razão, a lógica e a linguagem representam formas articuladas de nossa intuição. Os argumentos são respostas lingüísticas abstratas a situações humanas complexas. É do poder e engenhosidade deles que nossa sobrevivência, neste mundo cognitivo, muitas vezes depende. Foi um grande salto na evolução humana quando, ao invés de partir sua cabeça, começamos a insultar nosso oponente com palavras. Assim, a lógica e a linguagem são respostas cibernéticas (lingüísticas) do organismo a situações sociais complexas. Há um estreito paralelismo entre respostas instantâneas e sem esforço de nosso corpo e respostas lingüísticas instantâneas e sem esforço de nossas mentes; cada uma é parte do mesmo circuito cibernético que chamamos de vida.

Tudo na natureza tende à autotranscendência. E assim é com a racionalidade. A racionalidade e a razão não permanecem colocadas e confinadas; elas evoluem e mudam seu alcance e limites. Apenas o computador deve estar dentro dos limites de sua programação. A racionalidade humana sempre supera a si mesma, isto é, vai além de seus parâmetros prefixados, porque ela sempre funciona dentro do contexto mais amplo de conhecimento evolucionário. Os limites da mente lógica podem às vezes ser circunscritos; todavia, a mente lógica é apenas uma parte de nossa mente mais ampla. (Veja Mente I, Mente II e Mente III, Capítulo 25.)

A mente discursiva é a mente lingüística. Ela supõe que as palavras significam exatamente o que nossas teorias cognitivas do significado pretendem que elas signifiquem. O significado humano, por outro lado, invariavelmente contém não apenas o cognitivo, mas, ao mesmo tempo, o biológico, o estético, o social e o moral. Não ouçam aqueles que afirmam serem as palavras átomos com os quais se devem construir estruturas moleculares simples. A linguagem é como um rio, fluindo através da história; fluindo através de terras de beleza e sublimidade, abarcando a grandeza das estrelas; fluindo através de nossas sombrias e mais profundas entranhas que influenciam e modificam seus significados. A linguagem é um espelho do drama evolucionário. Por mais estranho que possa parecer, estamos todo o tempo dizendo mais do que realmente dizemos. Isso pode ser um paradoxo, porém é basicamente uma homenagem que a linguagem presta à maravilhosa complexidade de significados humanos, inseridos no conhecimento biológico e também em todo o processo evolucionário. As palavras podem dizer mais (e comumente o fazem) do que as teorias lingüísticas podem explicar, pois as teorias lingüísticas são abstrações da mente discursiva, enquanto que a linguagem expressa vida, intuição, toda a evolução.

Glória à intuição, que pode apreender mais do que podemos explicar. É preciso confiar na evolução, na grande dádiva da evolução. Porém, não se deve supor que a intuição é infalível. Nada é. Até mesmo os computadores cometem erros, e com que freqüência! A intuição é a nossa canalização para as regiões subterrâneas e também para as estrelas, para o mundo do mistério e para o mundo da plenitude.

9

O Natural e o Sobrenatural

O natural e o sobrenatural são um. Ao nos desenvolvermos (e a evolução em nós), transformamos o natural em sobrenatural. São ambos partes do mesmo vasto espectro. Esse espectro é a evolução devorando a si mesma — no ato de autoconsumação, que é também autotranscendência. Ao adquirirmos novas sensibilidades, isto é, novos poderes de vivência e recepção, tornamos natural o sobrenatural. Elevamo-nos ao nível do transnormal, que se torna, então, normal. Os milagres são o resultado de poderes e capacidades que ainda não adquirimos.

Não tenho o olho que vê. Tenho o olho que pensa. Minha retina está conectada a todos os tipos de teorias, incluindo as teorias científicas. Sempre que abro meus olhos e sou guiado por elas — de maneira não menos sofisticada do que os mísseis transcontinentais o são por computadores —, sou guiado através de uma extraordinária rede de teorias e reações a elas. Quando meus olhos me guiam, meu conhecimento e experiência me guiam; o conhecimento da espécie me guia; o conhecimento da evolução me guia. Meu olho pode não saber quanto conhecimento possui, mas eu sei; ele pode não estar consciente da variedade de sofisticados circuitos retroalimentáveis que contém, mas eu estou. Quando sou guiado por minha visão, o que é que orienta — meus olhos, minha mente ou todo meu ser?

87

A aguda separação do pensamento e do sentimento é espúria e nociva ao nosso bem-estar. Minha mente que pensa é também a mente que sente. Meu corpo que sente é também o corpo que pensa. Sim, penso através de meu coração e sinto através de minha mente. Em meu coração e em minha mente armazenei a consciência de Platão e de Santo Agostinho, de Leonardo e Pascal, de Blake e Göethe, de Schweitzer e Teilhard. Guardei-as todas nas camadas de meu ser. Posso ver através de seus olhos porque eles moldaram minhas sensibilidades, e essas sensibilidades são os filtros de minha mente.

De acordo com os românticos, as maiores descobertas do espírito humano e, portanto, da raça humana, foram feitas pelo coração e não pela mente. Isso é falso. O coração desassistido pela mente é um tolo indolente, piegas e sentimental. Isso deve ser dito claramente porque há muito sentimentalismo no ar.

Os mais maravilhosos poemas, as formas mais compassivas de governo, as formas mais luminosas de compreensão, as expressões mais elevadas do amor, em suma, as maiores conquistas da cultura e do espírito humano surgiram não através da explosão de sentimentos, mas através da explosão da mente.

Os sentimentos nada resolvem. Sentimentos não iluminados são como as fúrias. Os gregos foram sábios o suficiente para personificar os sentimentos descontrolados como fúrias destrutivas. Quando as fúrias desceram sobre os heróis gregos, este foi o começo do fim; o caminho para a calamidade e a tragédia. Sentimentos puros nada resolvem; no entanto, sentimentos iluminados, quando filtrados pela razão, são o início da sabedoria.

O grande místico de todos os tempos, Jesus Cristo, foi a suprema personificação da razão. Possuía o poder de ver e o poder de dizer. Não vemos o que ele viu; contudo, através do poder de suas palavras, de alguma maneira, sua visão revela-se para nós. Revela-se em parte através da participação ativa de nossa mente, que não é alheia ao mistério, uma vez que o mistério é parte de seu hábitat natural.

Desde Pitágoras e Anaxágoras, a mente ocidental — pelo menos o melhor dela — tem continuamente combinado o místico e o racional em seus produtos e atividades. Tomar apenas a tradição científico-racional da cultura ocidental é tomar tão-somente uma parte dessa cultura, e não seria a melhor delas.

Pitágoras, o místico, está tão vivo na memória de nossa cultura quanto Demócrito, o atomista. A concepção de Anaxágoras sobre o *nous* (razão, mente) como todo-penetrante foi o fundamento da filosofia de Platão, que é o fundamento da maior parte do pensamento ocidental. Platão, Sófocles e Fídias na Antigüidade; Santo Agostinho e Tomás de Aquino na Idade Média; Leonardo da Vinci e Michelangelo durante a Renascença; Pascal e Spinoza, Göethe e Blake, Nietzsche e Rilke nos tempos modernos; Schweitzer e Teilhard de Chardin no século XX — todos são um testemunho monumental das brilhantes qualidades da mente que revela e ilumina, da mente que é parte do divino, que é tanto racional quanto mística. A mente lógica abstrata, que muitas vezes é denominada de racionalidade científica, é confinada. A mente confinada não deve ser a medida daquela que é total, todo-abarcante.

Se você pensa que sua mente é uma máquina abstrata e programada, separada do resto de seu ser, então (com algum esforço), fará sua vida à imagem da máquina. Se você pensa em sua mente como delicadamente ligada ao restante de seu ser, o qual está ligado ao sistema da criação, então, ao agir de acordo com sua crença, ao mesmo tempo você pode compartilhar da magia da criação. A razão é ao mesmo tempo a encarnação do mecânico e do transcendental, cujo outro nome é o criativo, o divino.

Tratemos, portanto, a razão como um benevolente deus em nós, pois ela certamente possui atributos divinos. É a razão que torna natural o sobrenatural e que torna o natural divino. As pessoas do Iluminismo estavam certas em venerar a razão. Estavam erradas em confinar a razão a um alcance um tanto trivial. Glória à mente evolucionária, pois é nossa luz, a unificadora de nossa experiência, o caminho que nos auxilia a alcançar degraus mais elevados de nosso ser.

10

Sri Aurobindo e Auroville

Entre os líderes intelectuais e espirituais do século XX na Índia, os mais elevados foram Gandhi, Tagore e Sri Aurobindo.

A visão de Sri Aurobindo sobre a evolução como aperfeiçoando-se a si mesma através da espécie humana, às vezes, é tão próxima da visão de Teilhard que nos deixa atônitos. Os dois homens nunca se encontraram. Nenhum ouviu a teoria do outro durante a época em que estavam criando sua própria. Como, então, pode haver tanta semelhança?

A chave do segredo é, em minha opinião, o filósofo francês Henri Bergson. O jovem Aurobindo foi educado na Inglaterra, em uma escola pública e, mais tarde, no King's College, em Cambridge, na virada do século, quando a filosofia de Bergson era não apenas conhecida, mas influente. A influência de Bergson sobre Aurobindo foi profunda e, contudo, está totalmente oculta, uma vez que foi transformada com criatividade conforme a tradição hindu. Outros que estudaram tanto Aurobindo quanto Bergson confirmaram minha conjectura a respeito da profunda, porém oculta, influência do segundo sobre o primeiro.

A idéia de *Zeitgeist,* [7] afinal, não é uma ficção. Talvez em determinado estágio de sua própria articulação, a evolu-

---

[7] *Zeitgeist* que significa: "o espírito da época", Dicionário Langenscheidts Taschenwörterbuch. (N. ed. bras.)

91

ção tenha sido forçada a criar dois sistemas que se articulassem de maneira muito parecida. Mas as semelhanças entre Teilhard e Aurobindo não devem ser exageradas, pois o sistema de Aurobindo é essencialmente oriental e pertence à tradição dos *Upanishads*. Ele também dá grande importância à prática do *Yoga,* embora o sistema seja formulado de acordo com os padrões intelectuais ocidentais. Os eruditos indianos tradicionais, não raro, sentiram-se contrariados a respeito da liberdade que Aurobindo tomou ao reinterpretar as doutrinas hindus de uma maneira nova e radical; contudo, parece que eles o perdoaram, pois ele foi muito iluminado ao interpretar os *Upanishads.*

O contínuo *leitmotif* ou idéia básica da v*ida divina* é a característica mais notável do sistema de Aurobindo. Este é também o título de um de seus livros que celebra a divindade na vida da maneira mais ardorosa, arrebatadora e eloqüente, ao relacioná-la, obrigatoriamente, com o sistema total da vida humana, incluindo o destino individual, o destino social e cósmico dos seres humanos. Assombra-nos o fato de seus argumentos e linguagem soarem tão ocidentais: "o homem ocupa o ponto mais elevado da onda evolucionária. Com ele ocorre a passagem da evolução inconsciente para a evolução consciente" [*The Life Divine,* 1918, II, 23 (A Vida Divina)]. "A evolução da consciência é o motivo central da existência terrestre. O trabalho evolucionário da natureza possui um processo duplo: a evolução das formas e a evolução da alma." "Uma alteração de consciência é o fato mais importante da próxima transformação evolucionária, e a consciência em si, através de sua própria mutação, irá impor e efetuar qualquer mudança necessária no corpo." [*The Life Divine,* 1918, II, 23 (A Vida Divina)].

> "A Vida evolui da Matéria, a Mente, da Vida, porque já se encontram ali envolvidas: a Matéria é uma forma de Vida velada, a Vida, uma forma de Mente velada. Não poderia ser a Mente uma forma e um véu

de um poder mais elevado, o Espírito, que seria supramental em sua natureza? A aspiração mais elevada do homem, então, apenas indicaria o gradual desvelamento do Espírito interior, a preparação de uma vida superior sobre a Terra" [*The Future Evolution of Man* p. 25 (A Evolução Futura do Homem)].

Pode haver algo mais próximo de Teilhard em conteúdo e estilo? Ainda assim, e ao mesmo tempo, o sistema está impregnado do magma da mitologia hindu. Como tal, requer a aceitação de numerosos postulados específicos da religião hindu e toda uma série de conceitos específicos da filosofia indiana.

O esforço de Aurobindo pela vida divina é tão inexorável que, no processo, a condição humana e particularmente a condição social são, de alguma maneira, relegadas à obscuridade e negligenciadas. A urgência da transcendência é tão arrebatadora que a importância imanente da graça e do amor são de certo modo perdidos.

Outro dilema fundamental surge quando examinamos a forma em que a evolução realiza a si mesma através de nós. Ainda que a transformação da consciência seja uma enorme tarefa, ela é considerada por Aurobindo como algo que pode acontecer até amanhã. A Utopia Divina está quase à mão, bastando para isso que pratiquemos nosso *yoga* individual diligentemente. Isso possui um enorme apelo à psicologia individual: *nós* podemos salvar o mundo agora. A facilidade com que Aurobindo promete a salvação é admirável. Entretanto, a criação do sistema de *yoga* integral [veja *The Synthesis of Yoga* (A Síntese do *Yoga*)], que estabece passos para a mente individual em sua jornada de transcendência, é uma conquista grandiosa. Os pensadores ocidentais são muito frágeis em prover as técnicas para a alma. E nisso Aurobindo é um mestre.

Por outro lado, há um problema peculiar com o pensamento de Aurobindo. Ele proclama que a evolução está aperfeiçoando a si mesma e assim vai dos estágios *menos* perfeitos para os *mais* perfeitos. Entretanto, o estágio final da divindade é um *retorno ao Ātman*, o Absoluto, o Uno. Estas duas noções, *Brahman* eterno por um lado e evolução em desenvolvimento e auto-aperfeiçoamento por outro, são incompatíveis. As qualidades emergentes da evolução não devem ser reduzidas aos atributos das divindades tradicionais. Dentro de uma perspectiva verdadeiramente *evolucionária*, é preciso ver o aperfeiçoamento crescente que adquirimos como finalmente dirigindo-se para além de qualquer coisa realizada no passado e em um grau inconcebível mesmo nos grandes sistemas religiosos do passado.

Teilhard e Aurobindo estão entre os maiores rapsodistas da glória e da grandiosidade da evolução. A inconsistência básica de suas visões sobre a evolução reside em sua lealdade dividida: por um lado, ao poder inexorável, criativo e transformador da evolução e, por outro, ao Deus tradicional, completo e perfeito.

O relato de Aurobindo não termina em Aurobindo. Sua continuação está na Mãe e em Auroville. O que é Auroville? Uma comunidade internacional de aspirações espirituais situada perto de Pondicherry, no sul da Índia (a 160 quilômetros de Madras), onde cerca de 600 pessoas de aproximadamente 50 países estão tentando refazer suas vidas em um padrão mais espiritual. Estão tentando também (pelo exemplo pessoal) lançar as bases de uma nova cooperação internacional e de uma nova ordem mundial.

A influência da Mãe é muito importante. Sem ela não haveria Auroville. Quem era a Mãe? Seu nome, ao nascer em Paris, em 21 de fevereiro de 1878, era Mira Alfassa. Pintora e música de êxito, começou a ter experiências psíquicas e espirituais quando era muito jovem. Em 1914 foi para a Índia, para Pondicherry, e, de imediato, reconheceu Sri Aurobindo como o instrutor que supostamente estivera guiando seu desenvolvimento espiritual de maneira oculta. Após passar o período da Primeira Guerra Mundial na França e no Japão, retornou para Pondicherry em 1920 e retomou sua colaboração com Sri Aurobindo. A Mãe, de fato, tornou o *ashram* de Pondicherry conhecido em todo o mundo. Ela concebeu a idéia de Auroville. Ela lhe deu incentivo. Desenhou-o e auxiliou no lançamento das fundações. Sob sua direção, foi assentada, em 1968, a urna contendo terra de 121 países. Faleceu em 1973. Mas sua influência sobre Auroville e seus habitantes tem enorme importância. Ela os mantém, todos, sob seu domínio espiritual.

Aurobindo pregou a doutrina da anarquia divina; provavelmente a tomou de Pitirim Sorokin, um sociólogo-filósofo, nascido na Rússia, que pregava a anarquia como um sistema social alternativo. Quando inquirido sobre o sistema político futuro de Auroville, a Mãe respondeu, fazendo eco a Aurobindo: deverá ser a anarquia divina. Contudo, a anarquia que não é divina torna-se algo problemático. Isso é o que se verifica em Auroville. Ainda assim, sejam quais forem as aflições a respeito das condições caóticas atuais, permanecem em nossa memória aqueles indivíduos talentosos que estão fazendo o verdadeiro trabalho. O que os mantém unidos? São os seus elevados ideais, que lhes dão força, e lhes dão uma consciência de que são incomparavelmente ricos — apesar das condições materiais severas — em relação às vidas vazias que teriam tido no Ocidente.

Dentro de Auroville existem muitas Aurovilles. Há a Auroville como grande aventura, para os que vêem o Ocidente destruído e incapaz de gerar opções novas e duradouras. A maioria dos moradores de Auroville constitui-se daqueles que simplesmente não conseguem viver no Ocidente, naquela "terrível máquina". Há a Auroville escapista, onde muitos filhos desgarrados da revolução *hippie* encontraram abrigo e agora jogam com brinquedos chamados "futuro", circundados de flores e árvores. Há a Auroville espartana, na qual um grupo de valentes jovens vindos do confortável Ocidente vivem sob condições penosas, tentando elaborar um novo estilo de vida para a era de escassez que se aproxima. Em sua vida pessoal, tentam mostrar como a sociedade global, o Ocidente em particular, deve mudar, a fim de sobreviver e estabelecer uma nova ordem sócio-econômica.

Há a Auroville ecológica, e esta é de grande importância. Nela recupera-se a terra lavada pela erosão, nela a terra é reflorestada e finalmente transformada em florescentes jardins. Essa Auroville não é apenas o orgulho e a alegria de todos os seus moradores, mas uma lição séria e salutar para toda a humanidade. Parte dessa Auroville ecológica é o Paraíso Reunido, um pedaço de Terra de cerca de cinqüenta acres, onde se permitiu a volta ao estado primordial de floresta e arbustos. Ali a agricultura não é permitida, nem mesmo um arado ou um boi, e não se permitem entrar sequer bicicletas. As pessoas vivem do fruto da Terra, frutinhas silvestres e o que as árvores e os arbustos produzem. Em certo sentido, direcionam a evolução para trás. Ainda assim, não se pode evitar de admirar sua consistência e pureza, sua força de vontade e seu sentido de experimentação.

Existe a Auroville espiritual, na qual certos indivíduos tentam chegar a um acordo com suas vidas interiores e elevá-las a um nível espiritual mais alto. Há a Auroville mística, que se diz estar pronta e acabada, totalmente realizada, como que em um céu platônico. Uma vez que as pessoas em Auroville constroem a Auroville física, elas apenas desenvolvem o que já se encontra lá — na realidade mística. Essa última Auroville não pode ser vista pelo olho comum e ignorante, pois está na outra realidade, aos poucos realizando-se concretamente.

A "verdadeira" Auroville está de algum modo oculta nesta mistura especial de mito e realidade. Tal como acontece com todas as grandes sociedades e culturas, está emergindo através de pessoas que representam um mito e transformam-no em realidade. A chave psicológica para essa transformação é dada por Sri Aurobindo: "adore e tente ser aquilo que você adora".

11

Pensamento Reverente

Emmanuel Kant afirmou que a razão sem ação é impotente, e a ação sem razão é cega.

A ação ligada a uma razão míope gera resultados míopes; a ação ligada a razões unidimencionais e superespecializadas gera alienação sem precedentes e devastação ecológica. Nosso pensamento unidimensional e superespecializado transformou-se no pensamento contra a natureza e não com a natureza; contra a cultura humana e não com ela; contra a felicidade humana e não a seu favor.

Já percebemos as limitações de nosso pensamento objetivo analítico há algum tempo. Como antídoto, todos os tipos de corretivos têm sido arquitetados. Entre estes corretivos, os exemplos mais notáveis são o pensamento cibernético e o pensamento sistêmico. Quando olhamos para o alcance e a magnitude de nossos problemas atuais, entretanto, compreendemos que aqueles corretivos são nitidamente insuficientes. São insuficientes porque, embora tenham superado certas formas de unilateralidade, permanecem eles mesmos unilaterais e superespecializados.

Quando olhamos para a natureza e para suas formas de "pensar" e de relacionar, compreendemos, imediatamente, que ocorre associação em todos os seus níveis de existência. A natureza não reconhece o tipo de limites que projetamos em nossos sistemas de conhecimento, onde separamos vários fenômenos em compartimentos estritamente isolados. A natureza tampouco reconhece a diferença entre o descritivo e o normativo, entre o objetivo e o subjetivo. A natureza é incessantemente normativa em seu *modus operandi*. A interconexão da natureza atravessa as categorias e os níveis estabelecidos em nossas ciências descritivas. Pode-se dizer, sem exagero, que bondade, verdade e beleza são uma e a mesma coisa para a natureza, são aspectos umas das outras.

Se há algum indício a ser captado da natureza com relação ao nosso pensamento, este será: nosso pensamento mais criativo e, portanto, mais viável termina movendo-se livremente em todos os níveis de nosso conhecimento e entendimento. É o tipo de pensamento que pode relacionar os elementos e camadas mais inesperados; que não está aprisionado ou subordinado a categorias e disciplinas existentes. Na verdade, este tipo de pensamento, que associa elementos inesperados de diferentes níveis de conhecimento, produziu os mais extraordinários inventos e os avanços mais originais do conhecimento humano.

O pensamento conectado que se pede, e que, realmente, se exige para um futuro global viável da família humana, terá que reconhecer a si próprio como normativo. Uma das principais deficiências e, na verdade, perigos de nosso pensamento unidimensional e superespecializado (incluindo o pensamento cibernético e sistêmico) tem sido a suposição de que deveríamos pensar de modo "limpo", clínico, objetivo, neutro. De fato, isso jamais foi feito; o pensamento sempre esteve a serviço de alguns objetivos normativos, e sempre esteve carregado de valores.

O que estou sugerindo é que reconheçamos explicitamente o caráter normativo de nosso pensamento, sobretudo quando envolve relações múltiplas com hábitats ecológicos e, mais ainda, com hábitats culturais. Ademais, sugiro que avancemos um passo e reconheçamos o que eu gostaria de denominar pensamento reverente.

O pensamento reverente, quando empregado como um modo de compreensão em grande escala, produzirá conseqüências numerosas e de amplo alcance. Afetará e reestruturará nossa percepção. Nossa percepção não será mais uma fria exploração dos benefícios materiais que podemos auferir de determinada parte do universo físico, mas tornar-se-á uma celebração da vida.

O pensamento reverente também influenciará a percepção que temos de outros seres humanos e a percepção de nós mesmos. Afetará nossas idéias sobre economia e administração. Em última análise, o pensamento reverente significa uma ótima economia, pois nos informará e guiará no cuidado de nosso bem-estar total, ao mesmo tempo que preservará a integridade e a viabilidade de outros seres, incluindo hábitats ecológicos amplos, sem os quais nosso bem-estar (até mesmo nosso bem-estar econômico) não pode, afinal, ser assegurado. O pensamento reverente, quando explicado em detalhes e aplicado a nossos problemas globais, não é apenas justificável, mas tem um sentido de conjunto, uma vez que se trata do tipo de pensamento que nos permite compreender em profundidade o grande número de facetas de nosso universo físico e transfísico — e a imensidão de aspectos de nossa existência humana, social e espiritual.

Pensar de forma reverente não significa apenas usar nossas células cerebrais de uma maneira nova; é também embarcar em um novo conjunto de valores. Quando os índios americanos pensavam e afirmavam que havia um espírito atrás de cada árvore, não tencionavam dizer que havia uma aparição fantasmagórica vagando em torno dela. Essa era sua maneira de expressar reverência pela natureza, de expressar o fato de que, para eles, todos os seres vivos têm um valor intrínseco. Essa forma de valor, essa forma de reverência, é reconhecida de outra maneira no Oriente: há um Buda em cada folha de grama.

Pensar reverentemente é, antes de tudo, reconhecer a *vida* humana como um valor intrínseco; é reconhecer o *amor* como uma modalidade essencial e indispensável da existência humana; é reconhecer o pensamento criativo como parte inerente da natureza humana; é reconhecer a *alegria* como parte integral de nosso viver cotidiano; é reconhecer a *frater-*

nidade de todos os seres como uma base para nosso novo paradigma epistemológico. O pensamento reverente é um veículo para a restauração de valores intrínsecos, sem os quais não podemos ter nenhum tipo de futuro significativo.

O pensamento reverente reconhece e acolhe Albert Schweitzer e sua "reverência pela vida". A menos que estejamos inspirados pelo ideal de reverência pela vida e sustentemos esse ideal como um de nossos principais valores, fazendo-o parte de nossa estrutura ontológica, não poderemos, por certo, pensar reverentemente, pois o pensar de forma reverente deve vir do âmago de nosso ser.

Esse pensamento não é um luxo, mas uma condição de nossa sanidade e graça. Aqueles que não pensam reverentemente, pelo menos em determinadas ocasiões, simplesmente empobrecem sua existência. Pensar calculadamente é uma coisa; pensar objetivamente de acordo com as exigências da ciência é outra coisa. Pensar reverentemente, quando contemplamos o universo em seus aspectos íntimos, fundindo-o no nosso amor e sentindo a unidade que com ele formamos, é algo ainda mais diverso.

Há um conflito entre o pensamento objetivo e o reverente. O pensamento objetivo não reconhece graça e reverência em coisa alguma. Gera observadores indiferentes, pessoas que têm pouco cuidado e amor pela sociedade e pelos seres humanos, pois cuidado e amor são excluídos pela objetividade. Isso diz tudo. O pensamento reverente cria participantes no mundo solidário, pessoas que não atomizam e objetivam, mas agem de modo unitário e cuidadoso, sua própria percepção é informada e inspirada pela compaixão.

A meditação correta contribui para curar o mundo. O pensamento reverente é uma forma de cura.

12

A Linguagem como Transcendência

Usamos a linguagem para dar nomes, como fazíamos na época em que inventamos a pá, o machado e a agulha. Mas, à medida que a sociedade começou a evoluir, imediatamente começamos a acrescentar novos significados aos antigos, primitivos e originais. Assim uma pá não é apenas uma pá[8]; passou a simbolizar objetos prosaicos. A agulha passou a simbolizar algo mais: agulhar alguém. O poder simbólico da linguagem assume enorme importância.

Isso aconteceu não apenas em relação a objetos da vida diária. As flores vieram a simbolizar a vida e mesmo aspectos mais ternos da vida humana: o amor e as flores são inseparáveis. Assim temos o belo termo: "deflorar", que serve para um grande número de delícias. Os antigos gregos estavam perfeitamente conscientes do grande significado simbólico do ato de deflorar. Por isso, contemplaram Afrodite com um atributo especial: toda vez que caminhava até o rio, sua virgindade era renovada, de tal maneira que pudesse ser deflorada outra vez.

A função simbólica da linguagem também significa sua função transcendente. Os símbolos metamorfoseiam a realidade que simbolizam. Para você agulhar alguém, não precisa de uma agulha de aço; as agulhas psíquicas são muito mais cruéis e devastadoras. O mundo da psique humana é o

---

[8] No original, *spade*, significando também o naipe de espadas. (N. ed. bras.)

mundo dos símbolos, através dos quais expressamos os diversos estados de nossa existência.

Há dois sentidos para a frase "a linguagem é um veículo de transcendência". No primeiro, "transcendência" refere-se à função simbólica da linguagem dentro do escopo da cultura humana, através da qual a linguagem transforma a realidade física em transfísica: da agulha para o agulhar, das flores para o deflorar.

O segundo sentido de "transcendência" refere-se à transcendência evolucionária da espécie humana dentro do escopo de todo o cosmo em evolução. A linguagem é, então, uma recapitulação do universo em evolução. Reflete todas as aquisições e tensões, cognitivas e outras, da atualidade, juntamente com dilemas não resolvidos e especulações mal formuladas. A linguagem pressagia, também, o que se está formando: uma parte do processo de articular aquilo que está emergindo, mas que ainda não está aqui. É extremamente difícil dar um nome ao que está ocorrendo e, particularmente, ao que está se transformando em algo diferente.

A evolução trabalha através de nós. Somos seus depositários e guardiões. Somos dotados de certas tendências e potenciais. Nossa tarefa é realizar este potencial: nosso dever é levar adiante o processo da evolução em direção aos próximos estágios de desenvolvimento. Estamos evocando a sensibilidade da matéria, ou, em outras palavras, articulando a espiritualidade potencial em nós e no cosmo. Assim como a evolução trabalha através de nós, trabalhamos através da linguagem. Tanto os homens quanto a linguagem são processos e partes de um fenômeno mais amplo em desenvolvimento. Nesse esquema, a linguagem não é apenas um registrador espelhando a poeira acumulada da história; não é apenas uma ferramenta maravilhosa para a reconciliação dialética de domínios ontológicos incompatíveis, mas ela própria é uma força de transcendência. A linguagem personifica e articula mais adiante as qualidades e atributos emergentes do mundo transcendente. A linguagem é parte da auto-articulação do mundo; uma parte da auto-realização da consciência do homem, que, por sua vez, é uma parte da auto-realização do cosmo como um todo. Dito de outra maneira, a linguagem é parte de um processo mais amplo de auto-realização do universo.

As tensões e falhas da linguagem são falhas do Ser realizando-se a si mesmo. Essas tensões, contradições e aparentes barreiras indicam, simplesmente, no momento em que as encontramos e vivenciamos (algumas vezes em desespero), que novas conexões de transcendência emergente foram atingidas. Estas são as conexões nas quais o espírito (novas qualidades emergentes) está transcendendo a si mesmo através de nós e, portanto, através das deformações da linguagem, que é incapaz de transmitir e expressar aquilo que ainda não alcançou.

Conseqüentemente, deveríamos nos regozijar com essas tensões e aparentes contradições da linguagem, pois elas compensam nosso esforço existencial ao indicar que estamos avançando, que estamos transcendendo. Não há obstáculo de linguagem, mas apenas horizontes transcendentais que retrocedem e que até aqui escaparam à nossa compreensão. Não há desespero quanto à prisão da linguagem, mas, somente, uma categorização dos seres humanos condenados ao aperfeiçoamento e que estão, assim, constantemente tentando transcender a si mesmos, constantemente compreendendo além. A linguagem é parte deste processo, faz parte de uma ação em perpétuo desenvolvimento. Revela, de uma maneira eficaz e algumas vezes dolorosa, nossa contínua busca por perfeição.

Tudo isso é muito próximo da concepção de Heidegger sobre a linguagem. Ele também viu na linguagem uma realidade ontológica. Escreveu: "a linguagem não é simplesmente uma ferramenta que o homem possui juntamente com muitas outras. É a linguagem que torna possível encontrarmo-nos dentro de um campo aberto para o que existe". Entretanto, falta a Heidegger a dimensão transcendental. O vetor da evolução parece estar perdido em seu plano de existência, que é curiosamente estático.

Através do processo forçoso de estarem em desenvolvimento através de nós e de outras criaturas, os poderes da linguagem têm um profundo significado neste estágio do desenvolvimento cognitivo do cosmo. A linguagem é um dos veículos da cultura que articula o fluxo da existência humana em formas permanentes. Ainda mais importante: é um aspecto do desenvolvimento cognitivo do cosmo; é uma modalidade ontológica através da qual o cosmo está articulando a si mesmo e a nós como um subproduto. Os esforços cognitivos do homem na escala evolucionária estão inseparavelmente ligados à linguagem, que carrega dentro de si as glórias e agonias do universo em evolução.

A linguagem é parte da trama da evolução. Foi entrelaçada nos fios da evolução em certo ponto de seu desenvolvimento. Ela desaparecerá desse enredo em outro ponto da evolução em expansão, com a condição, que estou assumindo aqui, de que o universo tenha a tendência de avançar cada vez mais na articulação de sua espiritualidade. Se esse for o caso, então, no futuro, a linguagem será descartada como uma cilada espúria, e poderemos nos comunicar de forma muito mais direta, de espírito para espírito.

Neste estado pós-lingüístico e talvez até mesmo pós-cognitivo, as tensões da linguagem estarão, em última análise, resolvidas, porque a transcendência terá sido alcançada; o espírito do homem estará libertado; a agonia da matéria estará aliviada; a dialética, conduzida a seu ponto primordial de não-existência tornando-se existência. No silêncio eterno poderemos articular sem esforço todos os significados.

13

A Linguagem do Ser

O que acontece quando toco você com minhas palavras? É como se o tocasse com minhas mãos. Não, melhor ainda. A mão pode estar fria ou pode receber uma resposta fria.

Quando toco você, faço um caminho até seu coração. Melhor ainda, até sua alma. A linguagem da vida é a linguagem das almas. É necessário uma alma para iniciá-la e outra alma para recebê-la.

A alma não gosta de gritar. Portanto, a linguagem da vida é a linguagem dos sussurros. Quando minha alma sussurra, e sua alma ouve, estamos juntos, somos um; a dissonância da luta humana é superada.

Minhas palavras estão repletas de mensagens. Algumas são triviais. Estas a alma ignora, uma vez que está sintonizada em algo mais sutil. Quando eu toco você, e você responde, você o faz através do âmago interior de sua nobreza, através dos aspectos mais sutis de sua condição humana.

Sem saber, dirijo-me ao inefável em você, ao mistério transcendental no qual estamos todos imersos. Você responde melhor à minha linguagem da vida quando toco o sagrado em você, pois há um substrato do sagrado em cada um de nós.

No silêncio por trás das palavras, nossos aspectos sagrados espelham um ao outro. A linguagem da vida é a linguagem da reverberação sagrada, em você e em mim, todas as vezes que temos a coragem de ouvir, em silêncio, cuidadosamente, um ao outro.

A linguagem da vida é a linguagem do silêncio, é agir a partir de nossa verdadeira natureza, é lançar uma ponte no espaço entre você e eu, segundo as palavras de Rilke:

Sem conhecer nosso verdadeiro lugar,
Agimos conforme nossa verdadeira natureza
Antenas sentem antenas
E o espaço vazio é transposto.

Não apenas nos comunicamos, mas vivemos em comunhão. Moramos uns nos outros; habitamos na abarcante Presença da qual somos parte.

A linguagem da vida é a linguagem da *emanação*. Você recebe o outro através da energia invisível que ele espalha ao seu redor. A energia correta do outro faz com que você busque sua presença; dá-lhe alegria e conforto em sua companhia. Essa foi a maneira pela qual a presença de Sócrates manifestou-se. Sua presença era alegria, porque a linguagem de sua vida era clara e poderosa. Sua linguagem da vida fez contar as almas dos demais.

A alma é a janela do universo. A alma pode ver através da linguagem da vida. O universo é como a alma o vê — através da linguagem da vida. Através do olho físico, vemos a superfície do universo; através dos olhos da alma vemos suas profundezas. É somente nessa profundeza, quando do não somos mais condicionados, que podemos alcançar a autonomia que nos permite agir de maneira responsável.

A linguagem da vida está criando um espaço no qual os outros possam respirar e descansar, um espaço no qual não se sintam intimidados ou ameaçados, um espaço que acalma, que confere paz interior. A linguagem da vida pode ser desenvolvida através da retroalimentação sensível: descobrindo qual é a configuração de sua estrutura interior que produz o espaço desejado, e tentando alcançar este estado de seu eu interior que envolve os demais no espaço correto.

Maria Callas disse certa vez: "cantar é uma expressão de nosso ser, um ser que está vindo-a-ser". A linguagem do ser afina-se com o cantar nesse sentido; é uma linguagem do vir-a-ser; vir-a-ser seu verdadeiro eu essencial; vir-a-ser o que contribui com o vir-a-ser de outros; vir-a-ser que é um raio luminoso de amor.

Não há nenhuma alegria tão verdadeira ou acalentadora neste mundo
quanto a de encontrar uma grande alma que responda à nossa própria alma.

Göethe

14

A Totalidade, Hipócrates e a Filosofia Antiga

Regozija-te com tua vida, pois o tempo está mais avançado do que te poderia parecer.

Regozija-te com teus poderes interiores, pois eles são os arquitetos da tua totalidade e santidade.

Regozija-te de ver a luz do dia, pois a visão é uma precondição da verdade e da beleza.

Hipócrates foi um sábio da Antigüidade. Nasceu em 460 a.C. na ilha de Kos e morreu nesta mesma ilha em 377 a.C. Foi abençoado com ilustres ancestrais: foi o 18º descendente do deus da medicina Asclépio, pelo lado de seu pai, e o 20º descendente de Héracles, pelo lado de sua mãe. Viveu no período mais glorioso da história grega, quando tudo o que era digno da mente humana veio a expressar-se. Foi sua missão histórica lançar as bases da medicina científica. Entretanto, temos de fazer uma pausa aqui, pois o termo "científico" abrange um grande número de pecados hoje em dia (incluindo um grande número de virtudes). Portanto, seria mais apro-

109

priado dizer que Hipócrates foi o pai da medicina sistemática; e não se pode negar-lhe algo mais — que foi o pai da medicina holística.

O conhecimento científico, segundo nossa percepção de agora, estava apenas em sua infância no século V a.C.. Surpreendentemente, contudo, Hipócrates, de certo modo, evitou fazer afirmações que a medicina científica consideraria "terríveis equívocos". O que o salvou foi a filosofia, o tipo certo de filosofia, que foi amplamente divulgada em sua época. Os pronunciamentos de Hipócrates eram muitas vezes tão filosóficos quanto médicos.

Entretanto, não devemos exagerar. Hipócrates foi um supremo e consumado praticante da medicina e não apenas um filósofo. Passou doze anos visitando todos os centros médicos de renome no mundo de seu tempo. Seguiu cada linha de pesquisa empírica que para ele estivesse aberta. Em seu *asclepion*, ou escola de medicina em Kos, cerca de 6000 ervas medicinais foram reconhecidas e usadas. O conhecimento do organismo e de suas reações às ervas deve ter sido gloriosamente explorado.

O *asclepion* era um local de cura, bem como de aprendizado da medicina; uma combinação de escola de medicina e hospital, ou hospital universitário. Mas estes nossos termos violam a concepção original do *asclepion*. Enquanto nossos centros médicos são lugares de esterilidade dos quais queremos sair tão logo quanto possível, ocorria exatamente o oposto com esses estabelecimentos da Grécia antiga. Havia cerca de 300 *asclepion*, sendo que os de Epidauro e de Kos eram os mais famosos. Situado em ambientes inspiradores, abrigado entre edifícios clássicos e templos, o *asclepion* era um lugar onde se queria permanecer. O ambiente curativo era um de seus principais valores. Pode-se ainda sentir isso, mesmo depois de vinte e quatro séculos de destruição, quando se visita Epidauro, Delfos, ou o *asclepion* de Kos.

110

A qualidade física do ambiente no *asclepion*, ainda que imensamente importante, era apenas um de seus aspectos. Cada *asclepion* era dedicado ao deus Asclépio; cada um adornado com vários templos que eram parte integral do processo de cura. Os aspectos espirituais da cura eram vistos como parte inerente da trama da vida.

A sabedoria antiga careceu de conhecimento do detalhe, porém não deturpou o significado do todo em prol do detalhe, como temos feito em tempos recentes. Para os antigos, curar significava curar o todo, enquanto que nós estamos ainda obcecados com os detalhes e queremos ser totalizantes através de estratégias parciais. A mente empirista enferma permanece no tique-taque de relógio que é a prudência do paradigma newtoniano, que não vê a natureza holística de toda a realidade. O problema principal da nossa existência e da nossa saúde fragmentadas não é o ambiente social e físico insalubre em que vivemos, mas o ambiente clínico e fragmentado de nossa mente, que instintiva e intuitivamente reconhecemos como patológica. Apesar de a reconhecermos assim, sucumbimos a ela em nossa vida pública e institucional. O aspecto repressivo da nossa vida pública torna-se a maldição de nossa existência individual.

Hipócrates foi reverenciado em seu tempo, e a auréola da glória ainda está sobre ele, após séculos de espetaculares avanços na medicina científica. Deram-lhe o título de cidadão honorário de Atenas após ter controlado a praga de 430 a.C.. Sua estima era tão grande que, após Alcebíades ter destruído Kos em 411 a.C., por sua insubordinação à Aliança Ateniense, esse general recebeu a ordem imediata de Atenas para reconstruir a cidade em consideração a Hipócrates e a seu filho Téssalo.

Mais tarde, o rei da Pérsia, Artaxerxes, solicitou que Hipócrates fosse à Pérsia para examinar uma epidemia que se alastrava; em troca, Artaxerxes ofereceu a Hipócrates qualquer quantidade de ouro. Mas, entre os gregos, o sentimento em relação aos persas era ainda inquietante e hostil. Hipócrates respondeu assim: "Obrigado, Artaxerxes, pela honra e confiança em mim depositadas. Entretanto, é-me impossível auxiliar um inimigo declarado de meu país. Por conseguinte, tanto o ouro quanto a enfermidade permanecem seus".

Artaxerxes, furioso com essa resposta, enviou uma mensagem ao povo de Kos, dizendo-lhe que cedesse Hipócrates. Caso se recusasse, toda sua *polis* seria devastada a ponto de não se poder mais, dali em diante, distinguir entre as áreas habitadas e os desertos e o mar. A essa mensagem os habitantes de Kos responderam: "Artaxerxes, o povo de Kos jamais fará nada indigno que possa ofender seus ancestrais divinos e Hipócrates, que é a glória desta ilha. Não vamos entregá-lo a você, não importando se essa decisão irá acarretar as mais terríveis conseqüências. Os deuses não nos abandonarão". Os deuses de fato estavam com o povo de Kos. De acordo com a história, Artaxerxes teve uma apoplexia quando leu esta resposta insultante e morreu instantaneamente.

Entre os preceitos que Hipócrates defendia estavam:

A cura da doença é a natureza.
Deixa teus remédios guardados no pote do químico,
Se não puderes curar o paciente com alimento.

Estes preceitos são tão simples que soam ingênuos. No entanto, essa simplicidade nasceu da profunda reflexão e do estudo da filosofia da época. Uma das grandes influências sobre Hipócrates foi Heráclito, que viveu de 544 a 484 a.C.. O legado do pensamento de Heráclito continuava vivo. A história conta que Heráclito ofereceu seus papiros aos deuses no *asclepion* de Éfeso, e Hipócrates foi a este lugar para estudá-los. Um filósofo oferece seus rolos de pergaminho aos

112

deuses para serem mantidos em um *asclepion*; um praticante médico dirige-se para lá a fim de estudá-los: isso expressa uma maravilhosa unidade das coisas.

Hipócrates aprendeu com Heráclito a lição fundamental de que tudo se *desgasta*, que "nada neste mundo permanece imutável sequer por um momento. Tudo muda de aspecto. Dissolve-se, funde-se com outros elementos e exibe novo aspecto, diferente do anterior. Esta nova configuração permanece por mais um momento e, então, dissolve-se, mas nada é perdido..." Assim, tudo se encontra em um fluxo de contínua transformação.

Heráclito não foi a única grande influência. Igualmente profundo foi o impacto de Pitágoras (580-490 a.C.). Com ele Hipócrates aprendeu que a saúde como totalidade significa que o corpo e a alma devem ser examinados juntos; que existem leis espirituais que os seres humanos podem ignorar apenas em seu próprio detrimento; que a vontade humana assegura e completa a harmonia entre o corpo, a mente e a alma; que seres humanos completos são aqueles que compreenderam o sentido dessa harmonia e implementaram-na em suas próprias vidas; e essa harmonia significa pensar e viver corretamente de acordo com a lei. Os antigos apreciavam o valor da filosofia em suas vidas. Para Pitágoras, harmonia era a palavra-chave. A harmonia tudo sustenta, e sem ela nada se mantém.

Devo mencionar neste ponto que a noção de harmonia era conhecida por Hipócrates antes de seu estudo sobre o pensamento de Pitágoras. A idéia da harmonia, na verdade, permeava toda a cultura grega. Contudo, Hipócrates foi imensamente agraciado e reforçado em suas crenças, quando percebeu que um filósofo tão ilustre quanto Pitágoras sustentava noções similares às suas próprias.

Ainda outro filósofo a deixar sua marca em Hipócrates foi Anaxágoras (500-428 a.C.), que representou a transição de Pitágoras para Sócrates. Este era o mundo filosófico no qual Hipócrates vivia. Que galáxia de mentes a circundá-lo! Acrescentando-se Sócrates, que era amigo de Hipócrates, ter-se-á um quadro de iluminação inigualável a qualquer período da história ocidental.

Hipócrates foi um marco na história da medicina e do pensamento ocidentais, não por ter sido um observador diligente que também conseguiu acumular mais conhecimento médico que qualquer outro em sua época, *mas por ter sido capaz de ver a totalidade da condição humana.* Ele compreendeu claramente que a filosofia não é um jogo intelectual para entretenimento, mas constitui os fundamentos nos quais nosso bem-estar está alicerçado. Ampliando um pouco este *insight,* poderíamos dizer que a doença é o resultado da aplicação de uma filosofia errada, que nos leva a um comportamento tolo e desarmônico e não nos ajuda a perceber o corpo e a mente como um todo. A filosofia correta, por outro lado, deve auxiliar na busca do significado mais profundo, que é um componente de nossa integralidade total.

Um dos triunfos específicos de Hipócrates, do qual raramente nos conscientizamos, era sua habilidade de integrar as duas correntes divergentes do pensamento grego — a de Heráclito e a de Pitágoras. Uma insiste que tudo está em fluxo e transformação, e a outra insiste que há uma harmonia preestabelecida. Desde o tempo de Platão, essas duas correntes nunca foram apropriadamente integradas ao pensamento ocidental. Nossa cultura ficou concentrada no *ser* em detrimento da compreensão da natureza mais profunda do *vir-a-ser*; Platão eclipsou Heráclito. Nesse ponto reside a origem de um de nossos mais profundos problemas conceituais e espirituais. Somos incapazes de viver com o transitório e com a incerteza; necessitamos de clareza, o que por sua vez requer separação e divisão em partes distintas. Nossa ciência analítica tem sido uma expressão desta busca de clareza. Por estra-

114

nho que possa parecer, a física newtoniana está mais próxima da visão pitagórica do mundo do que se costuma pensar. Afinal, no limiar da era newtoniana encontra-se Galileu com seu sonho pitagórico de ler o livro da natureza, que está escrito na linguagem da matemática.

Nossas mentes são muito fragmentadas para nos permitir ver que a cosmologia é relevante para nosso pensamento correto e nossa boa saúde. A tragédia da filosofia e da mente ocidental desde a Renascença (talvez desde Aristóteles) tem sido nossa incapacidade de gerar cosmologias que realcem a vida e apóiem nossas lutas diárias, inclusive o cuidado de nossa saúde e nossa integralidade[9]. As filosofias orientais nunca perderam de vista essas tarefas supremas: daí sua força duradoura.

Uma das grandes tarefas na agenda do futuro pleno de expressão é encontrar uma nova forma de integração para Heráclito e Pitágoras. O segredo supremo da vida em evolução reside em nossa compreensão de que estamos tratando não com uma harmonia estática mas com a Harmonia Dinâmica. Se reconhecermos a Harmonia Dinâmica, então reconheceremos que tudo está em fluxo, em transformação, no processo de vir-a-ser. Ao mesmo tempo, reconheceremos a permanência de algumas leis espirituais que dão significado ao fluxo.

A criação de uma nova cosmologia, que acomode as tradições de Heráclito e de Pitágoras e incorpore-as em uma nova compreensão do cosmo, não é apenas uma precondição para nossa saúde, mas uma precondição da sobrevivência do planeta. É também uma precondição para nossa compreensão coerente do mundo, que se tornou tão fragmentado no tempos modernos. No século XX, Teilhard sobressai-se como o ho-

---

[9] No original em inglês *wholeness*, a qualidade de ser integral. (N. ed. bras.)

mem que foi capaz de combinar Heráclito e Pitágoras em uma magnífica nova síntese. Mais recentemente, Ilya Prigogine tem sido inspirado pela mesma questão.

Perguntemos a nós mesmos, afinal: o que é totalidade? O ponto essencial sobre a totalidade é que não se trata de uma descrição do estado das coisas, mas uma descrição — antes, uma experiência — do estado de ser. Costumamos pensar sobre a totalidade como propriedade de um agregado de coisas fora de nós, quando, na verdade, é um conceito altamente subjetivo que descreve de forma individual e existencial o estado de nossa própria existência. É neste sentido que Ravi Ravindra afirma:

> *É bom lembrar também que qualquer reconciliação verdadeira entre as exigências do espírito e aquelas do corpo não é um assunto de abstrações mentais gerais, tais como "ciência" e "religião". É somente em um singular pormenor na alma de um indivíduo que qualquer reconciliação assim terá algum significado. É apenas na situação existencial concreta, na qual eu simultaneamente vivencio e intencionalmente aceito as diferentes forças dos dois reinos, espírito e corpo ou religião e ciência, que tenho uma possibilidade de totalidade. De outro modo, permanecemos fragmentados, pensando sobre a totalidade ou desejando-a. [**The American Theosophist** (O Teosofista Americano), Número Especial: "A Ciência e a Tradição Antiga", Outono de 1982, p.352.]*

Portanto, mais uma vez, o que significa ser total? É estar em paz com o cosmo, o que significa compreender e respeitar as *leis*, como Pitágoras as concebeu. Ou, para citar as palavras de Platão: "a saúde é uma consumação de um caso de amor entre os órgãos do corpo". A totalidade funciona como um magneto: é preciso ser total para capacitar o outro a se tornar total; seu magneto de totalidade ativa o potencial para a totalidade no outro. Escrever e ler poesia é bom para a própria totalidade. Por fim, ser total é estar cingido pelo sentido do divino no cosmo divino. Se todas estas "definições" não começam a transmitir aquilo que sentimos e reconhecemos instintivamente como totalidade de nosso ser, então, temos que recorrer ao silêncio. "Das fontes do silêncio procede todo o entendimento. Todas as grandes verdades foram concebidas e recuperadas no silêncio".

Regozija-te de ouvir o silêncio, pois ele é a fonte da iluminação.

Regozija-te dos teus poderes interiores, pois eles são os arquitetos da tua totalidade e santidade.

Regozija-te das tuas filosofias maiores, pois elas são os fundamentos do teu bem-estar e uma precondição do pensamento correto, da ação correta e da boa saúde.

Regozija-te com a alegria da existência, pois ela é a fonte oculta do teu bem-estar.

15

Cultura e Natureza

O número de teorias da cultura é impressionante. Existem as teorias orgânicas, que insistem na uniformidade da natureza e da cultura. Existem as teorias antinatureza, que insistem na separação radical entre natureza e cultura. As teorias antinatureza são mais características do Ocidente que do Oriente. O Oriente, com sua concepção cíclica e orgânica do cosmo, quase que por necessidade, considera a cultura como orgânica.

Por trás das teorias antinatureza da cultura, há uma concepção faustiana de homem "que vive apenas uma vez" e, portanto, vive imprudentemente e considera a realidade do poder como a única realidade. Há, por outro lado, uma concepção franciscana do homem por trás das teorias orgânicas da natureza: o homem como administrador e nômade transcendental, que labora para a glória maior do cosmo esplêndido.

A "cultura orgânica", em sua interpretação clássica, significa que cada cultura, como um organismo, surge de uma pequena semente, cresce, floresce magnificamente e, então, decai aos poucos, deixando os seus remanescentes como alimento para culturas sucessivas.

No entanto, a cultura também pode ser vista como orgânica em um sentido mais profundo, cósmico: seu surgimento foi um dos atos do drama cósmico. O cosmo deu origem à natureza; a natureza deu origem ao homem; o homem deu origem à cultura. A cultura deu origem a um novo homem — o homem cultural, um ser que pensa, solidário e sensível. Nesta cadeia de existência, o homem é o elo de concepção entre a natureza e a cultura. O homem é produto de cada uma delas. Entretanto, é também o criador de ambas, pois a 'natureza', como a conhecemos, é uma criação da mente do homem — uma noção extremamente sutil e complexa que inclui componentes cosmológicos, econômicos, estéticos e éticos. O homem original natural não possuía nosso conceito de natureza; é provável que não possuísse qualquer conceito sobre ela, mesmo e especialmente quando era uno com a natureza. A natureza, como pensamos e falamos dela, é um produto cultural altamente evoluído.

Existem inúmeros aspectos de nossas vidas que a ciência não pode perceber nem explicar, mas que, muitas vezes, decidem sobre a vibração, a vitalidade e a sanidade de nossas vidas. Surgimos de formas orgânicas: amorfas, irregulares, fluidas. O que é nosso corpo senão um conglomerado de superfícies irregulares e formas ovais? Começando com o útero, no qual fomos concebidos e incluindo todos os úteros nos quais a evolução de nossa espécie vem tomando lugar, nosso ser tem sido determinado por formas amorfas e irregulares, arredondadas e femininas. Essa é a geometria original da natureza. Porém, com o surgimento da civilização, forçou-se um tipo diferente de geometria sobre nós: linear, angular e reta. Nossa vida "civilizada" desenrola-se entre formas lineares, angulares e muitas vezes rigidamente deterministas, que, em certo sentido, violentam nossas formas primordiais, amorfas. Da amorfia viemos, à amorfia ansiamos retornar!

As formas amorfas da natureza são uma condição de sanidade. Considere as árvores. Por que nos sentimos tão bem entre elas? Por que olhar para as árvores em um momento de estresse é um alívio e um conforto? Porque elas nos devolvem a amorfia da geometria original da natureza. Se buscamos cultura, vamos a um concerto ou teatro; se buscamos descanso total, vamos para as florestas nativas ou montanhas escarpadas.

Quando olhamos para as árvores e nelas nos fundimos, vivenciamos um sentimento de unidade; retornamos à geometria pela qual fomos criados. Em certo sentido, retornamos ao útero. Não se devem ler quaisquer interpretações psicanalíticas nesta afirmação. Minha descrição é uma afirmação direta da unidade fundamental entre nós e o restante do mundo orgânico. Por que descansamos tão bem e tão profundamente entre as árvores? Porque elas nos ajudam a nos livrar das "geometrias artificiais" que são um fardo para nosso sistema biológico. O descanso mais profundo ocorre sempre em condições primitivas, onde a geometria humana está ausente e onde prevalece a geometria natural. Olhar para uma árvore sempre é repousante; um retorno à natureza da qual emergimos.

A cultura como um todo representa um reino ontológico específico, o reino da energia espiritual que emana de seus objetos, simbolismos, valores e mitos. A cultura é um repositório da energia espiritual de uma sociedade, de uma nação ou de um grupo de pessoas. Assim concebida, a cultura funciona como fomentadora de mitos; preservadora e codificadora de valores; das interações simbólicas e reservatório de contos e artefatos.

Os artefatos de uma cultura são continuamente impressos em nós, porque são suas manifestações mais visíveis e mais numerosas. É necessário algum esforço para irmos além dos artefatos e compreendermos o simbolismo e os valores subjacentes a uma determinada cultura. É necessário, ainda, maior esforço e imaginação para a reconstrução dos mitos que inspiraram e transmitiram valores a uma cultura e conformaram seu destino. Em uma última instância da alquimia da cultura, seu simbolismo, valores e energia espiritual fundem-se e são aspectos uns dos outros. Quando uma cultura está em decadência, isso reflete-se na sua energia negativa e nos seus simbolismos e valores enfraquecidos. Uma parte importante do simbolismo de uma cultura é sua linguagem, que pode ser uma força de sustentação muito poderosa. Mas, quando uma dada cultura encontra-se decadente, sua linguagem perde a vitalidade, não irradia energia e amortece, como é o caso da linguagem nos dias de hoje.

A viabilidade e a sobrevivência a longo prazo da civilização humana dependem da sua diversidade. Essa diversidade significa a diversidade das culturas humanas. Assim, as culturas tradicionais devem ser preservadas, nem que seja apenas para assegurar a saúde da raça no seu todo. Temos, entretanto, um dilema, isto é, como reconciliar as exigências da eqüidade econômica e da justiça social em escala global com as exigências da diversidade, singularidade e integridade da cultura. Minha resposta a esse dilema é que precisamos preservar a diversidade das culturas, suas singularidades e especificidades, mesmo às custas da eqüidade econômica.

Ao dizer isso, não pretendo pregar o evangelho do imperialismo econômico, em que aceitamos a abundância econômica para o Ocidente rico e um nível de vida inferior ao padrão normal para o restante do mundo. A eqüidade econômica e, acima de tudo, a justiça social devem ser nosso ideal a ser buscado de forma inexorável. Não devemos presumir, contudo, que a abundância material possa ser alcançada por todos, ou que a abundância universal seria assim tão positiva.

O mito da abundância econômica para todos é ilusório. Tal abundância é um produto específico da cultura tecnológica do Ocidente; é parte do plano ideológico ocidental de salvação através da saturação material. Devemos reexaminar os mitos de outras culturas. Devemos olhar para a viabilidade das culturas tradicionais diante da inviabilidade da atual cultura tecnológica. É necessário olhar para as sutis e profundas fontes de energia espiritual que as culturas tradicionais possuem e preservam sob várias formas; devemos, também, compreender que essas fontes não são alimentadas pela cultura tecnológica e por uma civilização homogênia. Após termos refletido sobre a natureza da cultura e a necessidade da diversidade dentro da espécie humana, podemos expressar nosso julgamento sobre a possibilidade do mito da cultura tecnológica — a abundância econômica para todos e a salvação através da saturação material — ser superior e mais duradoura do que os muitos mitos potentes das culturas tradicionais.

A natureza e a cultura são ambas produtos da mesma mente que tudo abrange. Quando a mente torna-se doente, abre-se uma fenda entre as duas. Quando a mente volta a ser saudável, as duas complementam-se mutuamente.

16

Sobre Mentes e Pombos

A filosofia do século XX mumificou nossa compreensão da mente. Ao invés de explorar seus aspectos criativos e extraordinários, ela continuamente tenta reduzir a mente ao nível de atividades características dos pombos. Se usarmos a metodologia dessas aves, estamos fadados a chegar a uma compreensão semelhante à delas. Quando digo "filosofia do século XX", tenho em mente sobretudo a filosofia de limites empíricos e analiticamente orientada, do gênero anglo-saxão, que domina nossas universidades atuais e que exerceu considerável influência sobre nosso pensamento por todo o globo a partir da segunda metade do século XX. Tentarei traçar as circunstâncias históricas que conduziram à elevação da metodologia dos pombos baseada nesta filosofia à condição de instrumento de compreensão universal[10].

Karl Popper está certo: o caminho para a compreensão do cenário filosófico muitas vezes acontece através da compreensão dos antecedentes à situação do conhecimento. Mas Popper exagera quando afirma que compreender os antece-

---

[10] Este capítulo possui uma tônica um pouco diferente, talvez um pouco mais densa em conteúdo. O leitor terá a oportunidade de experimentar o sabor dos argumentos tipicamente filosóficos da maneira que são trocados entre filósofos. Precisamos compreender bem a topografia da mente dos filósofos se quisermos superar suas limitações. (N.A.)

dentes do conhecimento é compreender as vicissitudes da ciência.

Já havia alguns problemas sérios com a compreensão científica do mundo na segunda metade do século XIX. Com a descoberta da geometria não-euclidiana, o espaço, no sentido newtoniano, começou a vacilar. Sendo o caráter absoluto do espaço um dos pressupostos básicos do sistema newtoniano, descobrir que o espaço do universo não precisava obedecer à geometria euclidiana era admitir implicitamente que os fundamentos da física newtoniana estavam se rompendo ou, pelo menos, haviam se tornado incertos. Surgiu a compreensão de que muitas geometrias diferentes são possíveis, podendo-se, dentro de cada uma delas, descrever o cosmo físico. Como resultado da absorção deste choque, surgiu o *convencionalismo,* uma engenhosa doutrina de Henri Poincaré e Pierre Duhem que afirmava que os sistemas de conhecimento desenvolvidos por nós não oferecem necessariamente uma descrição fiel da realidade, de forma direta e linear; ao invés disso, o sistema de conhecimento que se desenvolve depende inteiramente do sistema de axiomas que são aceitos desde o início. Temos muita liberdade quanto ao sistema de axiomas a escolher, por exemplo, no desenvolvimento da geometria. Essa foi uma maneira engenhosa de resolver o problema das geometrias não-euclidianas.

O convencionalismo resolveu um problema, mas abriu uma caixa de Pandora com muitos outros. Em particular, ele desestabiliza profundamente a própria noção da verdade do modo que a ciência a expressa, quer dizer, abala a noção clássica da verdade como correspondência, de acordo com a qual a verdade consiste em uma correspondência entre a realidade "R" e nossa descrição da mesma "D", de forma a podermos reivindicar que a ciência objetiva faz descrições verdadeiras da realidade. Uma vez que admitimos que a escolha dos conceitos básicos e da moldura conceitual cabe a nós, por assim dizer, perturbamos um pouco a noção clássica da verdade. Digo "perturbamos um pouco" porque foi na época de seu surgimento que o edifício clássico do conhecimento, conforme apresentado pela ciência, pôde ser salvo através de habilidosas modificações em sua estrutura.

Começaram, então, a surgir problemas na física, tais como a radioatividade e um grande número de outros fenômenos que estavam claramente além do domínio do paradigma newtoniano. Esses problemas foram de modo geral resolvidos pela física do século XX: a teoria da relatividade de Einstein, a teoria dos *quanta* de Bohr, o princípio da incerteza de Heisenberg. Ainda que sejam bem-vindas essas expansões físicas específicas, não as compreendemos totalmente, e muito menos absorvemos e digerimos suas conseqüências, embora digam respeito às nossas teorias do conhecimento e da mente. De fato, um grande número de teorias filosóficas foi criado como resultado do surgimento da teoria quântica. Entretanto, os principais problemas — a relação da verdade científica com a realidade e o papel da mente naquelas sempre novas extensões da física — foram deixados de lado, negligenciados, quase ignorados.

Serei enfático. Desde que surgiu o convencionalismo (na segunda metade do século XIX) não chegamos a uma conclusão — de modo fiel, adequado e inequívoco — em relação à noção de verdade e à noção da realidade que a ciência pretensamente descreve.

Quando fazemos a proposição de que a filosofia não absorveu suficientemente as conseqüências das mudanças ocorridas na ciência, não devemos esquecer Karl Popper. Ele, na verdade, estava tão chocado com o fato de até mesmo as teorias científicas mais arraigadas (tais como as de Newton) acabarem por ruir e darem-se como falsas, que decidiu cons-

127

truir uma nova epistemologia com base nessa descoberta. A notável filosofia da ciência de Popper segue a pista de Einstein (visto como aquele que sobrepujou Newton) e proclama que todo o conhecimento é experimental. Mas, ao mesmo tempo, tenta recuperar e justificar a superioridade do conhecimento científico sobre todas as outras formas de conhecimento. Ainda que a epistemologia de Popper vá admiravelmente ao encontro do desafio de Einstein, ela ainda deixa a desejar com relação à teoria dos *quanta*.

Ressaltando: a filosofia de Popper apenas tentou ir ao encontro do desafio de Einstein diante de Newton; não buscou dar sentido aos estágios mais recentes da física das partículas. Minha teoria da mente co-criativa procura encarar o desafio de nossa atual compreensão na forma proposta por recentes extensões na física e em outros domínios do conhecimento. Assim, o principal problema de Popper foi o desafio de Einstein. Meu principal problema é o desafio da nova física, que mostra que o observador e o observado fundem-se, e que, portanto, a noção tradicional da objetividade deve ser abandonada. A resposta de Popper deu-se dentro da teoria do conhecimento ou epistemologia. Minha resposta está na teoria da mente, que me parece ser a chave para nossa nova compreensão.

A pedra angular das teorias científicas é para Popper a refutabilidade empírica, em outras palavras, o pressuposto de que existe uma realidade empírica, que a ciência fielmente descreve; e, ao fazê-lo, torna possível a comparação de nossas teorias com a natureza em si. O sentido da refutabilidade apóia-se no pressuposto de que a ciência de fato descreve a realidade de um modo inequívoco e fiel. Ainda que Popper não tenha abandonado a noção clássica da verdade explícita, ele a abandonou implicitamente. Como resultado da reconstrução da ciência realizada por Thomas Kuhn, Popper pareceu concordar com ele no sentido de que as teorias não são refutadas na prática científica atual. Ao contrário, como velhos soldados, elas se debilitam. Mesmo que Popper não tenha concordado com essa formulação específica de Kuhn, ele aceitou o fato de que as teorias nunca são essencialmente refutadas. Desde a publicação da obra de Kuhn, *The Structure of Scientific Revolutions* (A Estrutura das Revoluções Científicas, 1963), Popper tem estado em silêncio sobre a importância da possibilidade de refutar.

O que procuro apontar sobretudo é que, desde o surgimento do convencionalismo, perdemos o controle da noção clássica da verdade e também da noção de realidade que a ciência pretensamente *descreve*, isto é, no sentido clássico do termo *descrever*. Mesmo os melhores pensadores do século XX, tais como Popper, foram incapazes de resolver os dilemas que o conhecimento de nosso século propôs à nossa compreensão.

Quando a física newtoniana começou a vacilar e não pôde mais ser vista como expressando inabaláveis leis da natureza, surgiram muitas teorias em torno deste ponto na ciência e na filosofia. Com Ernst Mach, observamos a mudança da teoria da correspondência da verdade para a teoria da coerência da verdade. Uma vez que a ciência não podia reivindicar ser a guardiã da verdade, entendida como uma descrição fiel da realidade exterior, os cientistas e filósofos concluíram que talvez devêssemos considerar as afirmações e teorias como verdadeiras, à medida que fossem coerentes com o restante do conhecimento aceito.

Das muitas tentativas de dar sentido à física pós-newtoniana, talvez a mais radical — pelo menos em suas implicações conceituais — tenha sido a de Percy Bridgman, que concebeu a doutrina do *operacionalismo*. O operacionalismo foi uma tentativa radical de evitar qualquer metafísica e mesmo de evitar o problemático conceito de "realidade". De acordo com Bridgman, os conceitos físicos não necessitam de equivalentes ontológicos na realidade fora da física. O significado de um conceito, insistiu Bridgman, é um conjunto de operações que com ele realizamos. "O significado deve ser buscado nas operações", escreveu Bridgman em 1934. Depois disso, as definições tornaram-se progressivamente diluídas. Em 1938 surgiu uma definição ainda mais liberal: "as operações são uma condição 'necessária', mas não 'suficiente' para a determinação dos significados". Essa formulação foi ainda mais fragilizada em 1952: "o aspecto operacional não é de modo algum o único aspecto do significado". Há uma considerável discrepância entre a primeira e a última formulação. Embora os conceitos físicos devessem ser caracterizados por meio de definições operacionais, o conceito de operação nunca foi claramente definido por Bridgman. É evidente que ele mesmo abandonou a idéia de que os significados devem ser buscados nas operações.

Essa história é bem conhecida, e alguém pode perguntar-se por que eu a apresento novamente aqui. Por uma razão importante: tornar bem claro que foi uma difusa crise nos fundamentos do conhecimento ocidental que gerou aquelas pseudo-soluções, tais como o operacionalismo e o critério empirista do significado. Essas estratégias semânticas foram empregadas por seu valor declarado e deram origem a uma série de teorias novas, inclusive teorias da mente. *The Concept of Mind* (O Conceito da Mente) de Gilbert Ryle, publicado originalmente em 1949, é o coroamento de toda uma época, empenhada em tentar encontrar a salvação através da semântica. Retornarei a Ryle em seguida.

O operacionalismo não foi uma doutrina isolada e obscura, mas, em muitos sentidos, sintetizou os espíritos da época. De forma bastante independente de Bridgman, um grupo de pensadores, que criou sua filosofia nos cafés de Viena, chegou a um célebre critério empirista do significado. De acordo com esse critério, apenas as afirmações empiricamente verificáveis são significativas, todas as outras não têm sentido, salvo as tautologias ou equivalências matemáticas e lógicas, tais como 2+2=4 ou $p \times q = q \times p$. Refiro-me ao Círculo de Viena e ao espetacular surgimento de sua filosofia que conseguiu eclipsar quase todas as demais filosofias na metade do século.

Também o behaviorismo fez carreira nas décadas iniciais do século XX, primeiro em sua formulação rudimentar feita por J.B. Watson, depois em sua versão mais "sofisticada" por B.F. Skinner. O behaviorismo, na verdade, era uma doutrina à parte das outras duas, mas tinha o mesmo objetivo: eliminar tudo que fosse complexo, sutil e humano, e reduzir tudo ao nível dos pombos. Isso não é, de modo algum, um exagero, pois o objetivo da metodologia gerada pelo behaviorismo era estudar os pombos. E, ainda assim, foi estendido com toda a seriedade ao estudo dos seres humanos. O apogeu do behaviorismo e sua metodologia chegou ao fim. Parece agora bastante estranho que tenhamos sido capazes de levar essa doutrina tão a sério. Contudo, foi levada a sério.

O behaviorismo, o operacionalismo, o empirismo lógico e outras formas de positivismo foram todas desenvolvidas dentro de um arcabouço filosófico mais amplo, característico da época: o materialismo ontológico, muitas vezes combinado com o ateísmo. O objetivo de praticamente todos os novos "ismos" (que de algum modo significavam o Admirável Mundo Novo) era o mesmo: reduzir todos os outros níveis e aspectos da existência humana à matéria inanimada.

Esse é, portanto, o contexto para a consideração de teorias da mente proeminentes da filosofia anglo-saxã da segunda metade do século XX. O livro *The Concept of Mind* (O Conceito da Mente), de Ryle, é magnífico e brilhante. Todavia, por mais brilhantes que tenham sido suas elaborações, é apenas uma oferta ao altar do *ethos* reducionista, que impressionou fortemente nosso pensamento e chegou ao ponto de considerar a mente como uma faculdade curiosamente sem vida, não-criativa e não-imaginativa.

Ryle é admiravelmente lúcido sobre suas intensões, quando escreve:

> *Este livro oferece o que pode ser descrito, com reservas, como uma teoria da mente. Mas não dá novas informações sobre as mentes. Já possuímos grande quantidade de informação sobre elas, informação que não é derivada nem abalada pelos argumentos dos filósofos. Os argumentos filosóficos que constituem este livro não buscam aumentar aquilo que conhecemos sobre as mentes, mas retificar a geografia lógica do conhecimento que já possuímos. [The Concept of Mind, p.7 (O Conceito da Mente)].*

A retificação da geografia lógica de nosso conhecimento sobre as mentes torna-se um processo muito laborioso e, finalmente, conduz à teoria dos tipos lógicos (das atividades da mente) de Ryle. O embasamento semântico é inventivo e brilhante. Porém, toda a aventura é simplesmente reducionista: a idéia não é compreender a *mente* como ela é e como funciona, mas reduzi-la a seus produtos derivados observáveis. A teoria de Ryle é uma teoria materialista da mente. É também uma teoria behaviorista e operacionalista à medida que tenta evitar o problema da mente, estudando-a sob o ponto de vista de seu comportamento exterior observável. Assim, em Ryle, vemos a síntese do materialismo, do operacionalismo, do empirismo lógico e do behaviorismo. O resul-

132

tado é um virtuosismo na aplicação da metodologia dos pombos, o que obscurece a verdadeira compreensão do que é a mente.

Ryle representa um marco decisivo para a tradição materialista-reducionista-operacionalista. Seu trabalho dá o tom para as próximas décadas de explorações intermináveis sobre o tema da teoria semântico-materialista. Essa tornou-se agora uma tradição e praticamente uma indústria, algumas vezes chamada de investigação dos conceitos mentais, supondo-se atuante nos domínios da teoria da mente e pretensamente explicando a vida mental, mas por certo tão afastada disso quanto uma folha seca está longe de ser uma árvore saudável e em crescimento.

A tradição aqui esboçada nasceu da crise dos fundamentos do conhecimento ocidental, que ainda se encontra entre nós. Essa tradição, talvez inadvertidamente, criou um corpo monumental de distinções e refinamentos semânticos que pouco contribuem para nossa compreensão do mundo como um todo. Se o escolasticismo descreve um corpo de conhecimento que, através de seu virtuosismo verbal, obscurece ao invés de iluminar os propósitos de nossa compreensão, então a tradição empírica semântica do século XX merece o nome de nova escolástica.

A tradição com a qual desejo me identificar é aquela originária da nova física: a física pós-newtoniana e pós-einsteiniana. Filosoficamente, é a tradição de Whitehead e Teilhard de Chardin. Em resumo, é a tradição que toma a noção de evolução criativa de maneira séria. Antes de apresentar o que chamo de teoria ecológica da mente, farei um breve exame de algumas teorias históricas.

17

A Mente no Universo do Vir-a-ser

A história da filosofia ocidental é um conto maravilhoso sobre a criatividade e as tolices humanas. As teorias da mente são tão numerosas quanto as da realidade. Mas quase sempre estas duas, mente e realidade, são separadas e vistas independentemente uma da outra. Alguns filósofos pré-socráticos tinham atitude mais sábia. Um deles, Parmênides, disse: "sem mente não há mundo". Nessas cinco palavras está contido todo um magnífico *insight*. Durante os séculos e milênios anteriores, não tivemos conhecimento suficiente e, talvez, tampouco coragem suficiente para traduzir este *insight* em um modelo completo de Mente/Realidade.

O dualismo cartesiano, que separa radicalmente a mente do corpo e da natureza, tem estado na raiz de muitos de nossos dilemas e interpretações incorretas. A fim de superar esse dualismo, precisamos criar uma teoria unificada, dentro da qual a mente e a realidade possam ser tratadas como aspectos uma da outra. A teoria evolucionária-transcendental da mente, que apresentarei aqui (e que chamo, para abreviar, de concepção ecológica da mente), trata a mente como co-extensiva em relação à realidade e trata a realidade como uma forma da mente. Essa teoria é retirada do *insight* de Parmênides: "sem mente não há mundo"; no entanto, mais importante é o fato de ela construir uma concepção do homem como o guardião e beneficiário de sensibilidades sempre emergentes.

135

Antes de entrarmos nos detalhes da concepção ecológica da mente, faremos uma breve análise de algumas teorias da mente que têm sido muito influentes no Ocidente, e que ainda nos dominam.

O empirismo é ao mesmo tempo uma teoria do conhecimento e uma teoria da mente. Afirma que nada há no intelecto que não tenha estado previamente nos sentidos. A mente é concebida essencialmente como uma tábula rasa, uma folha em branco na qual a experiência escreve seus desígnios. O único papel ativo da mente é o de permitir que a experiência seja impressa nela. A partir de experiências rudimentares são formadas as primeiras impressões. Estas impressões transformam-se em formas de conhecimento. Nunca foi explicado de forma satisfatória pelo empirismo como ocorrem essas transformações das experiências rudimentares e das impressões.

O empirismo, como teoria da mente, é uma caricatura grosseira do que acontece em nossa mente e do que sabemos sobre as maravilhas realizadas pela compreensão humana. É de se admirar *por que* ela foi levada tão a sério e mesmo propagada por pessoas inteligentes, zelosas e responsáveis. A principal razão para a aceitação dessa teoria claramente defeituosa, em minha opinião, foi ideológica: a teoria empirista da mente afasta o conhecimento humano da autoridade da igreja e, em especial, dos credos e dogmas da igreja. O empirismo afirma que tudo é adquirido do universo físico através dos sentidos, ensinando-nos, assim, que não se deve obedecer a autoridade de espécie alguma. A única autoridade é a de nossos sentidos.

Por fim, o universo físico torna-se a única realidade que não apenas exploramos, mas reverenciamos, uma vez que todos os demais deuses foram destronados e nossos sentidos tornam-se não apenas nossas autoridades mas também nossas deidades. Uma teoria do conhecimento que buscou superar o dogmatismo autoritário das ortodoxias religiosas tornou-se ela própria um dogma estéril: não apenas em detrimento da busca de conhecimento que vai além da mera superfície física, mas também em detrimento da busca humana por significado, que é frustrada pela insistente pretensão empirista de que nada há além da realidade dos sentidos. Apesar de seus numerosos defeitos, o empirismo ainda é sustentado com firmeza e manifesta-se nas teorias supersimplificadas da ciência natural e social que ainda são favorecidas em nosso ensino. Ademais, essas teorias reduzem o complexo e o extraordinário ao simples e ao físico.

Anterior ao empirismo mas também paralelo a ele, encontramos teorias que não consideram a mente como uma tábula rasa, porém, ao contrário, atribuem-lhe um papel ativo. Muitas dessas teorias proclamam que a mente é dotada com capacidades e tendências inatas, portanto, a *priori*. Essas são as teorias *racionalistas* da mente.

Entre as teorias racionalistas da mente pelo menos três devem ser mencionadas: a de Platão, a de Berkeley e a de Kant. Platão considerava a mente como ativa, mas só à medida que reconhece, na verdade, "recorda", as formas: arcabouços ideais, incorruptíveis e imutáveis aos quais todos os objetos de nosso conhecimento e mesmo da existência devem se adequar. Os objetos são o que são porque as formas ideais anteriores a sua existência estão contidas neles.

A concepção da mente segundo Berkeley é ativa ao extremo. O bispo Berkeley afirmava que "*esse percipi*", ser é ser percebido. Toda a existência é, em certo sentido, uma invenção de nossa imaginação. As coisas são "trazidas" à existência através de atos de nossa percepção e existem apenas à proporção que as percebemos. A conseqüência é o idealismo subjetivo: não há realidade independente de nossa percepção. Essa é uma doutrina engenhosa e surpreendente, particularmente quando defendida pela mente brilhante do bispo Berkeley; porém, torna sem sentido tudo que sabemos. Torna sem sentido também a própria evolução, em especial a evolução como esforço em direção a níveis cada vez mais altos de complexidade, de progresso e de perfeição.

O terceiro tipo de teoria racionalista da mente é a de Emmanuel Kant, a mais próxima da concepção ecológica, permanecendo, no entanto, ainda bem distante dela. Kant inverteu todo o processo tal como foi considerado pelos empiristas. Ao invés de objetos imprimindo-se sobre a mente, Kant reivindicou o contrário: é a mente — sua estrutura e suas categorias específicas — que é imposta sobre os objetos exteriores, os quais são moldados de acordo com as categorias da mente. Existe uma conformidade entre os objetos e a mente, mas essa conformidade surge através da imposição das ordens da mente sobre as coisas. Percebemos certa ordem no mundo exterior e o estruturamos de acordo com certas proporções, porque não podemos agir de outro modo. A estrutura de nossa mente impressiona a si mesma de forma contínua na ordem da realidade. A ordem da realidade é, de fato, a ordem da mente.

Kant afirmou que não podemos conhecer a realidade última, as "coisas em si mesmas". Conhecemos apenas sua aparência, pois as estruturamos de acordo com as categorias da mente, mas o fizemos somente com as aparências da realidade. Toda concepção de realidade em Kant é opaca e, na verdade, um grande ponto de interrogação. De fato, não há espaço para a evolução no sistema de Kant, e essa foi a principal razão para o colapso de sua filosofia. Quando surgiram as geometrias não-euclidianas, a concepção kantiana de espaço absoluto (euclidiano) — uma das categorias absolutas da mente — foi desfeita. Com o progresso na física e na matemática lógica, outras categorias "absolutas" semelhantes foram abaladas.

A maior deficiência de Kant foi ter concebido as categorias da mente e mesmo sua estrutura como fixas e absolutas. Ao postular um papel ativo para a mente, e ao reivindicar que o mundo é moldado e determinado pelas categorias

138

de nosso conhecimento, sua influência foi grande e permanente. Sua mente ativa não foi ultrapassada por nenhuma outra.

Devemos acrescentar, entre parênteses, que a herança de Kant continuou (embora em outra linguagem) através do século XIX e do presente século. Aquilo que Kant atribuiu à mente — a conformação e determinação da realidade —, vários outros pensadores atribuíram à linguagem. Primeiro foi Poincaré, com suas concepções engenhosas do convencionalismo; depois Ajdukiewicz, Benjamin Lee Whorf e Quine, que radicalizaram o convencionalismo de Poincaré; e, mais recentemente, Chomsky trilhou o caminho para o reconhecimento do homem como um animal de linguagem. Todos eles reconheceram a linguagem como co-definidora do conhecimento e da realidade. Todos estavam próximos de uma visão da realidade e da mente como co-definidoras uma da outra.

Destas teorias, tanto empíricas quanto racionalistas, gostaria de distinguir a teoria da mente transcendental, que chamo de concepção ecológica da mente, a fim de separá-la de outras supostas teorias evolucionárias. Essa concepção ecológica está mais próxima das teorias racionalistas do que das empíricas. A marca característica da teoria ecológica é que ela reconhece a mente não apenas como ativa, mas como co-criativa; como constituída não apenas de poderes abstratos de raciocínio mas também de sensibilidades de todo o corpo.

Os racionalistas estavam na trilha certa, mas faltou-lhes a dimensão evolucionária. Daí sua concepção da mente estar constrangida e, em última análise, oprimida por dilemas insolúveis, dos quais nem Platão, nem Berkeley, nem Kant puderam escapar.

A teoria ecológica da mente almeja dar sentido ao *insight* de Parmênides: "sem mente não há mundo"; pretende dar sentido à mente como produto da evolução em processo e àquela parte de nosso dom intelectual que está relacionada com a aquisição de novas sensibilidades.

Retornemos à nossa história inicial sobre a ascensão evolucionária. Quando as primeiras amebas começaram a se articular no mar original do caldo orgânico primordial, isso significou, ao mesmo tempo, um triunfo da vida ascendente e um triunfo (ainda inexprimível na época) do surgimento da consciência, pois as amebas começaram a *reagir* ao ambiente de maneira deliberada e semiconsciente.

A partir desse ponto, a história evolucionária é o aumento da consciência e a aquisição contínua de novas *sensibilidades*, através das quais os organismos reagem ao ambiente em formas cada vez mais conscientes e intencionais. À medida que suas sensibilidades multiplicam-se, os organismos captam cada vez mais do ambiente: *extraem a realidade na proporção de sua habilidade em recebê-la e transformá-la*. Neste ponto, podemos observar que sua realidade era delineada pela natureza e alcance de suas consciências e de suas sensibilidades — podemos até mesmo dizer, pela natureza de suas "mentes".

Há, portanto, uma relação íntima entre nosso potencial evolucionário total no que se refere à consciência, todos os poderes cognitivos que possuímos, e a natureza da realidade que construímos, recebemos e reconhecemos. Simplesmente não podemos considerar, encontrar e descobrir na realidade mais do que nossos sentidos, nosso intelecto, nossas sensibilidades e quaisquer outros dons evolucionários que possuirmos permitam-nos detectar e ver. *Quanto mais sensíveis e conscientes nos tornamos*, mais rica e ampla torna-se nossa realidade. Quando dizemos "nossa", não é no sentido da percepção idiossincrática e subjetiva. Referimo-nos à capacidade da espécie. O que está além da mente da espécie pode ser a realidade em *potencial*, mas é realidade além de nós, não para nós; ainda não existe para nós. A realidade perfeita de Deus pode muito bem existir para Deus, mas ainda não existe para nós.

Enquanto recebe a realidade ou qualquer um de seus aspectos, a mente (segundo a teoria ecológica) processa-a sempre. Ao processá-la, a mente transforma ativamente a realidade. Reflitamos sobre o significado das duas expressões: "processar a realidade" e "transformar a realidade". Ambas são fundamentalmente inadequadas, pois sugerem que existe algo como uma realidade autônoma "exterior", que a mente aplica a si mesma e sobre a qual trabalha. Essa concepção é essencialmente malconcebida. Não existe algo como a *realidade tal como ela é*, que a mente visita e sobre a qual atua. A realidade está sempre contida dentro do molde da mente que a compreende, isto é, nos atos de compreensão, que são, ao mesmo tempo, os atos de transformação. Não temos idéia alguma do que poderia ser a realidade *tal como ela é*, porque sempre que pensamos sobre ela e a observamos (seja de que maneira for), a realidade, invariavelmente nos é apresentada *como se tivesse sido transformada por nossas faculdades cognitivas.*

A interação do organismo com a realidade é um processo através do qual, ao participar da realidade, o organismo invariavelmente a articula. A realidade nunca é dada ao organismo (humano ou outro), *exceto* em forma de interações e, por conseqüência, em forma de transformações contínuas específicas. Nunca *apenas recebemos* a realidade.

A mente é parte do real. É um fragmento da evolução em processo. Mas é um fragmento muito especial: uma vez existente, age como um instrumento transformador. Ela torce, ou adapta, a realidade de acordo com suas próprias leis, tendências e faculdades. A mente é uma parte da realidade, como há outras partes; mas está também separada da realidade, visto que age como um espelho de toda a realidade. Essa sua dupla natureza explica muitas perplexidades lingüísticas que surgem quando falamos da "mente como a substância da realidade". Ao dizer que é "da realidade" e está "dentro da realidade", esperamos encontrar uma brecha por onde ela possa ser mostrada como existindo "objetivamente" entre outras coisas. Contudo, a mente não é isso. Para encontrá-la é preciso tê-la. A mente encontra a si mesma quando a encontramos entre outros dados da realidade. Qualquer tentativa de situar a mente na realidade é, de fato, a tentativa de situar a realidade dentro de si.

Portanto, a teoria ecológica da mente é, ao mesmo tempo, uma teoria interativa. A realidade e a mente interagem continuamente entre si. Não há outra maneira de compreender a realidade a não ser através da mente, que está continuamente moldando-a. Dizer que a mente molda-a e é cocriativa da realidade não é o mesmo que dizer que a realidade como um todo é criada pela mente, uma invenção de nossa imaginação; aqui nos afastamos do bispo Berkeley.

Em seu desenvolvimento evolucionário, a mente não apenas tem sido transformada continuamente, mas tem continuamente transformado. Como argumentei ao longo do texto, ela não deve ser limitada ao único nível que personifica nossas capacidades de abstração lógica, porém deve ser vista como a capacidade total do organismo de reagir de modo inteligente e objetivo.

A realidade da ameba é mais limitada do que a do peixe e ainda mais limitada do que a do ser humano. A riqueza e a multiplicidade da experiência da realidade existem na proporção da capacidade do organismo de recebê-las e decifrá-las. Quanto mais primitivas as capacidades (ou, dizendo de outro modo, quanto mais primitiva a mente), tanto mais primitiva a disposição e a experiência da realidade. Quanto mais versátil e apurada a mente, tanto mais versátil a realidade e mais rica a experiência da mesma.

Podemos colocar isto de uma maneira paradoxal: *o organismo recebe da realidade tanto quanto nela coloca*. Ele "enriquece" e transforma a realidade através de sua capacidade de articulação e de sua mente versátil. A noção de Deus (concebido como um ser capaz de tudo e, portanto, onipotente) tem perfeito sentido nesse esquema evolucionário. Se houvesse um ser cuja mente fosse infinitamente criativa e, por isso, capaz de transformar o mundo (a realidade) à sua vontade, esse ser seria Deus. A realidade para Deus, entretanto, seria algo estranho: não um reino permanente, fixo, mas algo que é constantemente criado e recriado, uma noção bastante desconfortável para nós, habitantes da Terra, que precisamos estar enraizados em realidades permanentes.

Dessas considerações segue-se uma conclusão geral: quanto mais criativa a pessoa, tanto menos permanente seu ambiente (realidade). Se colapsos nervosos equivalem à instabilidade da realidade de alguém, então pareceria que quanto mais sensível fosse essa pessoa, tanto mais propensa estaria a esses colapsos, devido à instabilidade de sua realidade. Os gênios são notoriamente instáveis. As pessoas altamente criativas devem ser ou instáveis em sua saúde mental ou devem se sentir extraordinariamente confortáveis com a mudança e a falta de estrutura. É uma noção perturbadora a de que Deus, sendo o gênio supremo, pode ser instável, e que nossos problemas podem ser os resíduos dessa instabilidade.

A maravilha e o mistério da mente em evolução são sua capacidade de ampliar a realidade à medida que a própria mente cresce e se transforma. A mente é apenas um produto da evolução em processo, mas é o produto mais extraordinário. É a luz que penetra e ilumina. A mente, sendo parte do real, envia um feixe luminoso a outras partes do real e, ao iluminá-las, as traz de volta à fonte de luz, à própria mente. Ao iluminar a escuridão e trazê-la à luz, a mente eleva o não-existente à existência. A visão e o ato de ver não podem ser separados do olho. O que o olho é para o ato de ver, é a mente para o ato de compreender a realidade.

Somos um aspecto da mente universal, ou da mente total, e nossas limitações refletem as limitações dessa mente maior. Podemos nos tornar muito mais brilhantes, mas somente se a *mente total*, conforme desenvolvida pelo conjunto da humanidade (através da evolução), tornar-se maior e mais brilhante.

O conceito da mente como co-extensiva em relação à realidade explica por que não podemos aumentar, de modo súbito, dez, cinco ou até mesmo duas vezes nossa capacidade mental. Nossa mente é limitada pelas fronteiras da realidade co-criada por ela; é limitada pelo alcance do conhecimento humano, pela natureza da compreensão humana. Se existem indivíduos que radicalmente transcenderam essas fronteiras, é provável que os tenhamos confinado em asilos para lunáticos. Aquele que transcende radicalmente o alcance de sua mente, transcende radicalmente o alcance de sua realidade. Todos nós tivemos uma experiência na qual, de repente, a nossa mente tornou-se exaltada, e a realidade em torno de nós mudou de forma dramática. Mas existem limites biológicos e psicológicos neste processo de transformação: ao ampliar e mudar a natureza da realidade em torno de nós, nós nos desarraigamos, desenraizamo-nos da realidade na qual estávamos firmados; perdemos nossa segurança, nosso sentido de pertencer a algo ou a algum lugar; tornamo-nos, em certo sentido, esquizofrênicos. Existem, portanto, limites biológicos e psicológicos para o que chamamos uma expansão radical da mente.

Como ocorre a expansão da mente dentro do escopo da mente universal ou da mente da espécie? É como escalar montanhas inconquistadas. Antes da face norte do Eiger ter sido conquistada, julgavam-na inconquistável. Uma vez escalada, tornou-se mais uma rota. A cortina psicológica da impossibilidade foi removida. A mente compreendeu que esta é agora uma possibilidade dentro da esfera da "realidade". Antes do Monte Everest ter sido conquistado, era a última fronteira humana. Uma vez escalado, tornou-se mais uma montanha.

A mente não é a assassina do real. É a iluminadora do real. Sem a mente há escuridão. Não há como apreender o que está no exterior, exceto através da rede da mente. O "exterior" é sempre um aspecto do interior (a mente), isto é, até onde nossa compreensão alcança; e o que está além de nossa compreensão *está realmente* além de nossa compreensão.

A teoria ecológica da mente não é uma expressão de um idealismo antiquado que nega ou mistifica a realidade. É antes uma expressão do *supra-realismo*, pois ela registra todos os estágios do real em seu processo evolucionário. Percebe a realidade da ameba, a realidade das culturas primitivas, a realidade da cultura científica, a realidade das tradições esotéricas; cada um está tecendo a realidade de acordo com as capacidades de sua mente.

A mente objetivada é uma espécie de cristalização da nossa jornada evolucionária. A visão científica da realidade é um caminho específico de sua recepção e transformação. Sim, a recepção da realidade na ótica científica transforma a realidade através dos numerosos filtros que a ciência coloca entre nós e o real "exterior" (que deve sempre ser colocado entre aspas porque não existe qualquer real exterior). Alguns desses filtros são de fato sofisticados, tais como as equações de Schrödinger e outros símbolos matemáticos através dos quais filtramos e expressamos a realidade.

A mente é a glória da evolução, e a evolução a está salvaguardando de forma que não se torne uma árida máquina computadorizada. A teoria ecológica da mente restitui seu poder e lugar no universo do vir-a-ser. Estarmos vivos como seres humanos proporciona um espetáculo fascinante, porque estamos constantemente entretidos pelo teatro da mente.

18

Prigogine e a Dialética:
Superando a Entropia

Heráclito é um dos iniciadores do pensamento ocidental. Seu legado é muito profundo e está envolto em mistério. É o pai do pensamento dialético. Após três séculos de predomínio do pensamento mecanicista, estamos agora retornando ao pensamento dialético. Compreender a evolução é compreender a mudança. Compreender a mudança é compreender a dialética do vir-a-ser, que não é um simples processo linear.

A questão recorrente com relação à evolução e particularmente a sistemas abertos amplos, tais como os organismos biológicos, tem sido: "como acontece?" Albert Szent-Gyorgyi, um incansável explorador dos mistérios da vida (laureado com o Nobel em bioquímica), sugeriu que o impulso em direção a uma ordem maior e mais complexa pode ser o princípio fundamental da natureza. O impulso inexorável por uma ordem maior é uma expressão da *sintropia* da vida, que é o processo oposto à *entropia*.

A capacidade da vida de se organizar em totalidades cada vez mais intricadas não pode, em sua opinião, ser o resultado de mutações casuais; as totalidades das quais os organismos vivos são constituídos são extraordinárias demais para isso. Sugerir que uma totalidade intricada (um organismo vivo) possa ser aperfeiçoada através da mutação casual de um elo, soa para mim — argumentou ele — como dizer que você poderia aperfeiçoar um relógio suíço inclinando uma de suas engrenagens ou eixos. "Para conseguir um relógio melhor, é preciso mudar *todas as engrenagens ao mesmo tempo* a fim de conseguir novamente um bom ajuste" (itálicos meus, H.S.). Szent-Gyorgyi não foi o primeiro a enfatizar a importância da complexidade nos sistemas vivos; com efeito, ele estava seguindo passos de Teilhard.

A idéia de Szent-Gyorgyi foi adotada nos anos 70 por Ilya Prigogine, um físico-químico belga de origem russa. O termo de Prigogine, *estruturas dissipáveis*, é uma invenção semântica dúbia; polui a linguagem com neologismos desagradáveis. Contudo, o conceito é importante. Estruturas dissipáveis são sistemas abertos em equilíbrio dinâmico; exatamente os mesmos (inclusive nós) que são a glória da evolução transformando a si própria. Entre esses sistemas poderiam ser adicionados não apenas os organismos biológicos mas também tais criações humanas como as cidades — combatendo a entropia através de uma série intricada de padrões dinâmicos que, na realidade, intensificam a vida.

Os sistemas abertos em equilíbrio dinâmico podem ser vistos como *totalidades fluentes*. O equilíbrio é constantemente restabelecido, como em um avião. Os organismos biológicos, enquanto vivos, dificilmente se encontram em um estado de estase[11]. O estado de estase poderia ser denominado estabilidade dinâmica. A estabilidade dinâmica significaria uma entropia galopante, deslizando para a morte.

A contribuição mais notável de Prigogine para nosso pensamento sobre a evolução é a introdução da idéia de estresse evolucionário e suas conseqüências. Quando organismos e outros sistemas abertos não podem mais acompanhar a

---

[11] No original em inglês: *stasis*, que significa equilíbrio ou estagnação de matérias de consistência diversa em um organismo. (N. ed. bras.)

pressão evolucionária, o resultado muitas vezes é que, ao invés de entrarem em colapso e desintegração, terminam por reorganizar-se em novas totalidades de uma ordem superior. O sistema eleva-se, por assim dizer, e liberta-se da pressão, oferecendo mais de si ao invés de menos. A imagem de Szent-Gyorgyi sobre o relógio suíço aperfeiçoado é evidente aqui: uma totalidade nova e melhor, criada como resultado da reorganização de todas as partes sob estresse evolucionário.

Fiel ao espírito de Teilhard, Prigogine afirma que quanto mais complexa e intricada a estrutura tanto maior e mais coerente será o próximo nível de organização e complexidade. Ainda mais importante: ao mudarem sua natureza através da própria implosão, estes novos sistemas mudam a dinâmica das coisas: "a natureza das leis da natureza muda". O resultado final é a vida devorando a entropia. Repetindo: sob estresse evolucionário, um sistema complexo não sucumbe no caos entrópico, mas, ao contrário, produz estruturas que são cada vez mais eficazes no combate à entropia. A idéia é expressa em uma linguagem diferente, porém sua importância está muito próxima do espírito de Teilhard.

A teoria de Prigogine responde a pelo menos dois problemas. Um deles é: por que e como sistemas cada vez mais organizados e capazes emergem de sistemas menos organizados e menos capazes? O estresse evolucionário é um modo criativo de vida.

O outro problema a que a teoria de Prigogine tenta responder, pelo menos em parte, está relacionado com as assim chamadas lacunas nos registros evolucionários: sob estresse evolucionário os organismos não se adaptam gradualmente, mas dão um salto para um nível novo e superior de organização. Apenas isso poderia explicar as assim chamadas lacunas na evolução, pois a evolução não é um processo gradual, mas sim descontínuo, semelhante ao processo que observavamos na história da ciência, dentro da qual um paradigma toma o lugar de outro, de forma dramaticamente descontínua, reorganizando, quando surge, todo o corpo do conhecimento. As lacunas na evolução são pequenas porções de "troca paradigmática".

A teoria de Prigogine sobre a mudança evolucionária assemelha-se ao fluxo de um rio; mas, tal como um rio, é constituído de afluentes. Estes afluentes são Teilhard de Chardin, Ludwig von Bertalanffy, Albert Szent-Gyorgyi, Thomas Kuhn, Kazimierz Dabrowski e Fritjof Capra. De Teilhard, sem dúvida, vem a idéia de que quanto mais integrados e associados os sistemas tanto mais elásticos em termos de entropia. É também dele a idéia de que a genialidade da vida reside na habilidade de progredir do simples para o complexo, pois nesta progressão ela combate a entropia. A vida devora a entropia através da singularidade de sua organização.

De Bertalanffy vem a idéia de sistemas abertos e fechados, que ele elaborou em 1948. Ele declarou, em suas várias publicações sobre a teoria geral dos sistemas, que a física e a química não podem entender os sistemas abertos, particularmente os sistemas biológicos abertos, porque entender esses sistemas significa entender a vida, ao passo que a física e a química lidam com matéria morta.

De Albert Szent-Gyorgyi vem a idéia de que "para conseguir um relógio melhor, é necessário mudar simultaneamente todas as suas engrenagens". Em sistemas abertos que estejam sob estresse evolucionário, suas partes reorganizam-se em uma nova totalidade, porém em um novo nível de uma ordem superior de organização.

De Thomas Kuhn (*The Structure of Scientific Revolutions* — A Estrutura das Revoluções Científicas) vem a idéia do paradigma e da troca paradigmática: expansões significativas na ciência e em qualquer outro campo não ocorrem de maneira linear, por acréscimo, mas, sim, dramaticamente; em momentos cruciais, o conjunto de sua totalidade é transformado em outro conjunto, organizado de maneira diferente. O paradigma antigo (a organização antiga) é negado e criativamente transcendido.

Do psicólogo polonês Kazimierz Dabrowski vem a teoria da *desintegração positiva*, delineada em meados dos anos 60 (veja *Positive Disintegration* — Desintegração Positiva, 1964; *Personality Shaping Through Positive Disintegration* — A Formação da Personalidade através da.Desintegração Positiva, 1967). Segundo essa teoria, nós, como seres humanos, não nos desenvolvemos por acréscimo, de maneira linear. Ao invés disso, a transição de uma fase para outra é nada menos do que traumática: empreendemos uma desintegração positiva de nossa personalidade anterior, da qual emerge uma totalidade nova e reintegrada. Os estágios iniciais do desenvolvimento humano, antes de sermos formados na vida posterior, seguem um padrão nitidamente dialético: as descontinuidades e desintegrações parciais são inevitáveis e naturais — em prol da reintegração em um nível superior.

De físicos como Werner Heisenberg, Fritjof Capra e outros vem a idéia de que a física em seu limiar criativo, na segunda metade do século XX, deixou para trás o modelo determinista e mecanicista e transformou-se em algo muito mais inspirador e fascinante, tal como a dança eterna de Shiva. O estado da física subatômica, particularmente em seu limiar ofensivo, encoraja-nos a pensar que as mudanças radicais em nossas percepções e concepções não são apenas possíveis, mas necessárias. A imagem descontínua do universo, na qual novas formas de organização são criadas e recriadas, reafirma-se fortemente.

Ilya Prigogine pode bem se surpreender ao ver suas idéias atribuídas a tantos predecessores. Apresso-me em dizer, portanto, que algumas dessas idéias e influências podem estar apenas implícitas em seu trabalho e talvez nem mesmo conscientemente. Não estamos empreendendo aqui a reconstrução do tipo da mente de Prigogine, mas antes a reconstrução do conjunto da formação cultural que permite que uma mente como a sua venha a surgir.

Há ainda outro filamento na teoria de Prigogine, que ainda não mencionei, mas está subjacente: é o materialismo dialético com suas leis dialéticas. O comunismo ainda é muito temido no Ocidente, sobretudo nos Estados Unidos[12]. Devido a isso, costumamos nos afastar, assustados, de tudo que está relacionado com o marxismo, inclusive sua teoria econômica e sua filosofia, bem como do modo *dialético* de ver todo o desenvolvimento da sociedade e da evolução. Seja devido aos antecedentes russos de Prigogine ou à sua suscetibilidade geral às idéias promissoras, não há dúvida de que ele não apenas está consciente das assim chamadas leis da dialética, mas que as usa criativamente para sua própria teoria.

Nossa época está imersa em paradoxos. Enquanto os pensadores soviéticos pregam o modelo dialético, sua prática é a do pensamento dogmático e petrificado, uma repetição constante dos dogmas marxistas. Nas mãos de alguns pensadores ocidentais, tais como Prigogine, a dialética torna-se novamente um instrumento da reconstrução criativa.

Dando ênfase ao papel crucial do tempo nos processos evolucionários, Prigogine tem aguda consciência das "leis de mudança", do fato de que "enquanto tínhamos apenas aquelas visões ingênuas do tempo, da física e da química, a ciência tinha pouco a dizer à arte". Se trouxermos a dimensão do tempo para o processo evolucionário, e se nos tornarmos conscientes das leis de mudança e as incorporarmos em nosso pensamento, a ciência poderá ser enriquecida de modo a chegarmos a uma "física humana" — relevante para as vidas dos indivíduos e para a sociedade. O projeto de Prigogine é o

---

[12] Este livro foi escrito antes da queda do muro de Berlim e do final da ex-União Soviética. (N. ed. bras.)

de criar uma "física humana". Pergunto-me se devemos esforçar-nos por tal, pois a física sempre tentará ver as coisas do seu próprio ponto de vista.

As vicissitudes do pensamento dialético são fascinantes. Com Heráclito e os filósofos pré-socráticos a compreensão dialética da realidade não é apenas visível, mas tem também um destaque dentro da tradição intelectual ocidental. De Platão em diante, e particularmente depois de Aristóteles, essa tradição dialética fica submersa. Ela nunca morre, entretanto. Hegel ressuscita-a de uma maneira arrebatadora. Mais tarde, Marx e Engels ampliam-na ainda mais: a importância da dialética e do pensamento dialético tornam-se grosseiramente exagerados. Um novo ramo de investigação chamado *lógica dialética*, com suas leis especiais, é criado, ou pelo menos esboçado. As leis dessa lógica são consideradas substitutas das leis de Aristóteles ou da lógica formal, muitas vezes chamada de lógica burguesa.

De fato, uma grande quantidade de absurdos foi escrita sobre o tema da superioridade da lógica dialética em relação à lógica formal, na literatura marxista de meados dos anos 50. Então, os marxistas poloneses, que eram melhor treinados nos rudimentos da lógica e da semântica e em tudo mais sofisticados filosoficamente, resolveram a questão argumentando que não se devem misturar esses dois tipos de lógica, uma vez que se aplicam a dois campos diferentes. A lógica dialética aplica-se à explicação de processos em desenvolvimento; a lógica formal aplica-se ao campo do pensamento formulado. Uma não contradiz a outra; seus universos de discurso são diferentes. A partir daí, as reivindicações concernentes à superioridade da lógica dialética sobre a lógica formal perderam força decididamente.

Como resultado de nossa reconstrução criativa da natureza da ciência (Popper, Bertalanffy, Kuhn, Feyerabend), e como resultado de nossa reconstrução criativa da natureza da evolução (Teilhard, Dobzhansky, Szent-Gyorgyi, etc.), ganhamos uma nova perspectiva sobre a dialética e sobre os modos dialéticos de ver a realidade. Nesse processo, Prigogine representa uma síntese. Representa um novo nível de articulação de nosso pensamento sobre a dialética; um novo nível de pensamento dialético; portanto, um novo nível de compreensão do processo evolucionário.

Essa nova onda de pensamento dialético é apenas um reconhecimento tardio da tradição de Heráclito no pensamento ocidental: "não se pode entrar no mesmo rio duas vezes". Reconhecendo os sistemas abertos no equilíbrio dinâmico como cruciais ao nosso entendimento do *modus* criativo da evolução, estamos reconhecendo a primazia do processo sobre os fatos; a primazia das leis governantes dos padrões dinâmicos sobre as leis estáticas que governam a matéria inanimada; a primazia do vivo e cambiante sobre o molecular e morto; a primazia da mente ativa e co-criativa sobre a mente que é apenas receptiva e passiva.

O elã criativo da evolução estava destinado a, cedo ou tarde, redirecionar nossas mentes do aspecto monótono, repetitivo, determinista e mecânico para o criativo e emergente, ambos em evolução e presentes em nossas vidas. Estamos claramente no ápice criativo e emergente. Coragem e imaginação devem vir em nosso auxílio, para que não percamos o impulso.

19

Responsabilidade

A responsabilidade é um dos conceitos mais característicos de nossa linguagem e de nosso universo moral. É muito difícil defini-la e ainda mais difícil viver sem ela. Não há necessidade lógica ou mesmo natural de assumir responsabilidades. Entretanto, consideramo-nos sub-humanos quando não o fazemos. A responsabilidade é uma daquelas forças humanas invisíveis, como a força de vontade, das quais não há necessidade lógica ou natural, mas sem as quais a história humana torna-se inconcebível.

Na sociedade de consumo, queremos fugir da responsabilidade, supondo que sem ela nossas vidas seriam mais fáceis e melhores, quando, na verdade, nossas vidas tornam-se mais superficiais e insignificantes. Assim como a fé, a responsabilidade acentua a variedade de nossa existência quando a possuímos ou nos minimiza quando nos falta. Aquilo que o sangue significa para o corpo, a responsabilidade significa para o espírito.

A responsabilidade é uma precondição para a moralidade; é, portanto, uma categoria moral. A responsabilidade é uma precondição para a compreensão do mundo em sua totalidade; é, portanto, uma categoria cognitiva. Em suma, a responsabilidade é parte de nosso arcabouço moral e também parte da definição do existir humano. Somos confusos sobre a natureza da responsabilidade e das nossas próprias responsabilidades, sobretudo porque estamos confusos sobre nosso relacionamento com o cosmo e nossas obrigações para com a família humana.

No mundo das sociedades pré-científicas, sua ordem física é um aspecto da ordem moral; a ordem moral é parte da ordem cósmica maior. A percepção do homem pré-científico é estruturada de tal forma que ele vê, no mundo circundante, nos ciclos da natureza e na maneira como a realidade física manifesta-se, a confirmação da ordem moral que sua visão de mundo postula. O mundo exterior e o mundo interior estão em harmonia, são aspectos um do outro.

Na visão de mundo científica de nossos dias, essa harmonia é abalada, senão inteiramente desfeita, pois o mundo físico e o mundo interior estão separados e quase sempre se excluem um ao outro. Não há unidade entre nosso mundo interior e o cosmo exterior, entre a lei moral e a lei natural. Como resultado, nosso senso de responsabilidade torna-se confuso. O caminho para a restauração de nosso senso de responsabilidade, que é parte da restauração de nossa harmonia interior, ocorre através da criação de uma nova cosmologia dentro da qual a ordem moral e a ordem física são aspectos uma da outra ou, pelo menos, estão unidas dentro de uma estrutura abrangente que dá sentido a cada uma delas. Uma das tarefas deste livro é propor essa cosmologia unitária. (Veja, especialmente, os últimos capítulos).

Somos evolução consciente de si mesma, e o cosmo é nosso lar. A ordem que encontramos no cosmo não nos é dada *a priori* (criada por Deus, portanto absoluta e inalterável), e tampouco é inteiramente subjetiva (produto da imaginação dos indivíduos, portanto totalmente relativa). Ao contrário, a ordem adquire objetividade no decurso da evolução, a qual, através da capacidade da mente humana de criar a ordem, afirma-se em estruturas de crescente complexidade. No nível do *homo sapiens*, a evolução predispõe a mente humana a criar valores transubjetivos, a estabelecer códigos morais, a realizar contratos sociais, bem como a conceber a responsabilidade como atributo importante da existência humana.

Nosso destino nesse contexto é o de estarmos conscientes da responsabilidade que temos pela continuação da evolução. Nosso grande problema é que o *senso de responsabilidade é distribuído de forma desigual entre os seres humanos.* Existem alguns indivíduos que consideram a responsabilidade um fardo insuportável. Daí sua recorrente pergunta: por que deveria eu carregar esta cruz em meus ombros? Por que deveria suportar mais do que aquilo que me compete? Por que deveria ser responsável enquanto outros não o são?

Para Sócrates e Platão, o pecado é quase uma categoria intelectual: o resultado da ignorância. A iluminação é, portanto, uma precondição para a vida virtuosa. Em conseqüência, o processo de formação e educação é aquele que se identifica com a busca por iluminação; a verdade é em si mesma uma virtude. Bondade, verdade e beleza têm sua origem na iluminação. Sua negação conduz à ignorância, que é a fonte do pecado. Outra fonte de pecado está em negligenciar nossa responsabilidade.

Ser humano é viver em estado de responsabilidade. Quando somos incapazes de ter responsabilidade, ou a abandonamos voluntariamente, estamos, em certo sentido, anulando nosso *status* de seres humanos. A existência humana oscila entre estes dois pólos: o senso da responsabilidade, por um lado, e a tentativa de se evadir dele por outro. Essas oscilações são a causa de nossas contínuas lutas interiores.

Os "escolhidos dos deuses" são aqueles que possuem o senso de responsabilidade beirando a obsessão, como Buda ou Jesus. "Abandonados pelos deuses" estão aqueles destituídos do senso de responsabilidade, mesmo em relação a suas próprias vidas. Os grandes líderes espirituais da humanidade, bem como os grandes líderes sociais e políticos, são marcados por seu acentuado senso de responsabilidade.

O senso de responsabilidade não é limitado aos grandes deste mundo; ele é conhecido por todos, pois o que é a consciência da "vida desperdiçada" senão o reconhecimento de que cada um de nós carrega responsabilidades que se encontram além dos limites de nossos pequenos egos e nossas lutas diárias?

A responsabilidade, vista no plano cósmico mais amplo, é uma aquisição tardia da evolução. Ela surge à medida que a consciência torna-se autoconsciência e, além disso, à medida que a autoconsciência (ao tentar refinar-se) toma para si uma causa moral: o fardo da responsabilidade pelos demais. A responsabilidade assim concebida é uma forma de altruísmo. A tendência de fugir à responsabilidade é um impulso puramente biológico, um gesto em benefício próprio, uma forma de egoísmo. Logo, estas duas tendências, a altruísta (aceitando a responsabilidade por todos) e a egoísta (fugindo dela para dentro do invólucro de nosso próprio ego) estão lutando continuamente dentro de nós. E cada um de nós conhece a agonia dessa luta.

Quando observamos as vidas de grandes homens, as vidas ilustres e realizadas, não podemos deixar de observar que foram invariavelmente inspiradas por um exaltado senso de responsabilidade. Aqueles que se sacrificaram em nome dessa responsabilidade não possuíam a sensação da vida desperdiçada. Seu exemplo é recebido como algo nobre e inspirador. O senso de responsabilidade está agora imbuído em nossa estrutura psíquica como um atributo da existência humana e como uma força positiva. A negação dessa força é um pecado, porque ela representa uma traição à grande herança evolucionária que nos trouxe à vida e da qual estamos sempre conscientes, mesmo que de forma vaga.

A pequenez ou grandeza de uma pessoa pode ser medida pelo grau de responsabilidade que é capaz de exercer em sua própria vida, em relação à vida dos outros e a tudo que existe. Crianças pequenas e doentes mentais estão fora do âmbito da humanidade precisamente porque não são capazes de exercer a responsabilidade, seja em suas próprias vidas ou na vida de outros. Estão além do bem e do mal, além do pecado e da virtude, além das obrigações e das delícias que unificam a família humana.

Ainda que fundamental para o âmago de nossa existência, a própria palavra "responsabilidade" (dentro da cultura protestante) é temida como um pesado fardo. Contudo, quando vista como algo que amplia nossos domínios espirituais, a responsabilidade é uma força que nos eleva continuamente. "Responsabilidade" é uma palavra que tem asas. Precisamos estar preparados para nelas voar.

A responsabilidade é ao mesmo tempo uma categoria cognitiva e moral: cognitiva porque nos ilumina em relação a quem somos no plano de tudo que existe; moral porque nos inspira a sermos o que somos e a sermos mais do que somos.

As tradicionais questões "O que é o homem?" e "Quem sou eu?" são tanto cognitivas quanto morais. Relacionam-se não apenas com a descrição do homem como ele é; indiretamente perguntam o que o homem deve ser, isto é, a fim de tornar-se digno de ser chamado humano.

A luta contra o mal é muitas vezes a luta contra si mesmo, a luta contra a prisão de nosso próprio invólucro que deseja-nos manter nos estreitos confinamentos do egoísmo. Quando as pessoas simples falam que Satã inspira-os para o mal, a maioria delas deseja fugir às suas responsabilidades em nome da satisfação de seu próprio egoísmo.

Se Satã é concebido como um ser exterior interferindo em nossas vidas interiores ou se é apenas concebido como um aspecto de nossa luta interna, não tem importância. Satã significa responsabilidade negativa. Deus significa infinita responsabilidade. O homem significa responsabilidade limitada. Satã é um símbolo do poder destrutivo que tenta destruir as conquistas de nosso espírito e, indiretamente, as conquistas da evolução. Os códigos morais tradicionais, ao nos dar mandamentos relativos ao comportamento humano, são apoios que nos permitem levar a vida dentro da esfera da responsabilidade. Ser humano é viver em estado de responsabilidade. Entretanto, através da separação sistemática dos seres humanos dos ciclos da natureza, bem como através do processo de delegar decisões importantes a peritos, a tecnologia contemporânea tem-nos, sistematicamente, separado da vida. Nossas vidas têm-se tornado cada vez mais desconectadas, atomizadas e triviais. Esse aspecto particular da tecnologia atual torna-a mais prejudicial para o futuro da raça humana do que qualquer desastre tecnológico específico (estou, de momento, desconsiderando a destruição dos eco-hábitats e das sociedades humanas através da excessiva dependência da máquina).

A responsabilidade e a tecnologia devem, no momento atual da história, ser consideradas uma diante da outra. A tecnologia, que sistematicamente nos exclui da responsabilidade (ao delegar tudo aos peritos), representa a vitória do mal, pois, se tudo é feito para nós, se não pudermos exercitar nossa responsabilidade, não seremos mais humanos.

Deus é aquele para quem nada é feito. Deus faz tudo. E Sua responsabilidade é infinita. Quanto mais próximos estamos de Deus, tanto maior a responsabilidade que exerceremos; quanto menor a responsabilidade que exercemos, tanto mais distantes estaremos de Deus e de nossa própria humanidade. Não importa se olhamos para a questão do ponto de vista tecnológico ou existencial: a responsabilidade é a pedra angular de nosso *status* como seres humanos e espirituais.

Lugares como Arcosanti, Auroville e Findhorn devem ser aclamados, pois não apenas buscam restaurar os equilíbrios ecológicos ameaçados, mas representam também tentativas saudáveis de restaurar a dignidade e o propósito humano ao devolver a responsabilidade aos seres humanos. As iniciativas descentralizadas devem ser apoiadas, porque representam a restauração da responsabilidade humana. Todo ato criativo deve ser apoiado, pois representa uma expressão da responsabilidade humana. Atentemos para o fato de que a responsabilidade implica um sentido do bem. "Criar" uma bomba mais potente é uma patologia, não é verdadeira criatividade, pois a criatividade intensifica a vida. Quando você cria, você é a responsabilidade personificada!

20

Educação e Autolobotomia

"A direção em que a educação lança um homem determinará sua vida futura" (Platão). Nossas vidas são determinadas pelas lentes que nossa educação nos faz usar; e então não temos outra chance senão a de ver os mundos natural e humano através desses filtros. Qualquer processo de educação é um pequeno laboratório para a vida. Contudo, a tecnologia cultural ampliou a idéia do laboratório a tal ponto que, quando ali estamos, terminamos apartados da vida e não preparados para ela.

A virtude do pensamento abstrato é de fato uma virtude — até que ele seja tão engrandecido a ponto de eclipsar outros modos de pensamento e outras formas de sensibilidade. Além disso, o ser humano, sujeito aos rigores contínuos desse pensamento, torna-se uma máquina de computar e abstrair. A educação que nos desvia do caminho humano equivale ao processo de autolobotomia.

Nada há de errado com a idéia do laboratório. A evolução criou um maravilhoso laboratório para si no seio da natureza. De fato, a evolução como tal é um enorme laboratório, e cada um de nós é um pequeno laboratório da evolução. No entanto, a dialética da natureza é sutil e complexa. Quando esta complexidade é radicalmente simplificada, destruímos os ciclos da natureza; também empobrecemos a nós mesmos ao depauperar os modos de nossa compreensão e o alcance de nossas percepções. Ao tentarmos sobrepujar a natureza, nós próprios somos sobrepujados.

Ao tentarmos sabiamente acelerar o processo evolucionário, somos unos com ele e a ele servimos. Na redução insensata de complexidades naturais à condição de simplicidades ingênuas da ciência reducionista, a ninguém servimos senão ao anjo da morte. O objetivo do laboratório da natureza é o de realçar o que existe e não o de reduzir; de criar a diversidade, não a homogeneidade. A educação que frustra essa diversidade e cria uma homogeneidade sufocante é nada menos que um processo de autolobotomia. Pessoas que sofreram lobotomia têm dificuldades em suas interações com a natureza, em suas interações com outras pessoas, em encontrar paz dentro de si. Há uma clara relação entre nossa demasiada ênfase à educação rigorosa, científica, abstrata, objetivada, clínica, por um lado, e nossos dilemas existenciais e crises sociais por outro.

Este ponto merece destaque: se as pessoas empobrecem suas mentes a ponto de reduzir sua compreensão por terem drasticamente estreitado o alcance de suas sensibilidades, então elas não verão as profundezas e ramificações de seus dilemas. Se a mente ocidental sofreu, de fato, lobotomia por sua educação, então ela pode muito bem ignorar o fato de que seus dilemas cruciais não são econômicos e tecnológicos, mas morais e espirituais. A causa fundamental é a perda do significado humano.

Modos de educação são traduzidos em modos de pensamento, e estes são traduzidos em modos de viver. Isso funciona também na direção oposta: o modo de viver afeta o modo de pensar, que, por sua vez, gera modos correspondentes de percepção e interação com o mundo. Assim, o índio americano do século XIX, uma vez *educado* pelos ritmos e pelos fluxos sutis da natureza, estava extremamente alerta aos fenômenos naturais; tratava a natureza com reverência; sua mente estava sempre aberta às suas maravilhas. Era um ser totalmente diferente do cientista pesquisador de avental branco, cuja mente foi endurecida pelo exame analítico que gasta horas sem fim observando dados ao invés de árvores em flor. Ele é sensível apenas a fatos frios. Podemos culpá-lo por essa morte emocional? Podemos culpá-lo por sua angústia existencial? Conscientizemo-nos do fato de que há nele profunda angústia.

Nossa existência e nosso pensamento formam uma unidade integral. Não podemos permanecer amorosos e compassivos se nosso pensamento for dominado pelo frio universo dos números. O atual sistema de educação, conforme praticado no Ocidente, deve ser revitalizado a fim de incluir maior quantidade de valores morais para que a essência do ser humano não seja anulada. O recente protesto sobre a inadequação do sistema educacional americano é um reconhecimento de apenas uma camada superficial do problema. A evolução não nos criou como mentes sem corpo que devem ser governadas apenas pela lógica, mas nos dotou de um extraordinário aparato, incluindo necessidades emocionais, somáticas, espirituais e estéticas. Queremos um sistema de educação para a pessoa completa, não aleijada. Teremos de criar tal sistema, mesmo que isso signifique a abolição do atual.

21

Sobre a Imaginação Secular
e Transcendental

Todas as culturas decadentes, culturas que perderam a visão mais ampla da vida e o propósito de sua busca, tendem a adotar filosofias escapistas tais como o hedonismo, o narcisismo, o estoicismo e o niilismo. Este foi o caso da cultura grega (que, na verdade, inventou todos esses "ismos" decadentes). Este foi também o caso da cultura romana decadente. O mesmo ocorre com a cultura ocidental atual. Ainda que o mundo ocidental nunca tenha sido tão poderoso em termos de capacidade de destruição, espiritual e moralmente ele está em declínio. O niilismo da atual cultura ocidental é o produto de sua impotência.

Enquanto o estoicismo é uma expressão da resignação encarada com bravura, sem lançar mão de quaisquer expedientes escapistas, o hedonismo é uma expressão da resignação modificada pelo retraimento ao santuário existencial dos próprios sentidos. O niilismo, por outro lado, é uma expressão do desespero combinado com uma fúria interior e ódio ao mundo, que em última análise é ódio a si mesmo por não fazer nada melhor do que de fato se faz.

Nem o narcisismo, nem o hedonismo, e muito menos o niilismo podem ser sustentados com seriedade por longo tempo. Nenhuma sociedade humana, que dirá a raça humana

167

como um todo, pode ser construída sobre alicerces de desespero ou de tolerância trivial para consigo mesmo. A ética da esperança, que é a ética da vida, é o pré-requisito da vida real. A fim de ter esperança e construir uma ética sobre esta base, temos de acreditar naquilo que transcende as fragilidades de nossa vida diária e as vulgaridades de nosso atual mundo comercial. A fé é uma parte importante de nossa constituição, um dos atributos de nossa humanidade, uma de nossas capacidades que nos permite fazer algo de nós mesmos. As pessoas religiosas sempre souberam disso. Nossa civilização secular parece tê-lo esquecido.

Olhemos historicamente para a situação. Nos séculos XIV e XV, a Europa medieval parecia estar esgotada e exaurida. Contudo, das agonias de uma golpeada Igreja Romana surgiu a Renascença. Quase que por milagre, a Europa começou a explodir com nova energia. Todavia, a resplandecente Renascença, inspirada em visões pitagóricas, deu lugar à era da ciência e, ainda mais importante, à imaginação secular com seu culto ao consumo. Havia boas razões para isso, mas, em última instância, permanece um mistério por que o Ocidente, antes tão rico em imaginação, deu origem a sua estéril imaginação secular. Essa imaginação secular, com o tempo, tornou-se mestre dos destinos humanos, não apenas na Europa, mas em todo o mundo; tornou-se mesmo a camisa-de-força que inibe as vidas humanas e mutila as sociedades e culturas.

Nas escrituras de todas as religiões está dito que "o homem não vive apenas de pão". Entretanto, possuídos por visões da utopia, possuídos pela imaginação secular, que se tornou ela mesma uma deidade à medida que prometia a salvação aqui na Terra, mergulhamos no mundo com infindável entusiasmo e grande criatividade para aproveitar tudo que podia ser aproveitado. No processo, descobrimos que essa forma de salvação era ilusória, e descobrimos também que, ao perseguir essa ilusão, tornamo-nos singularmente vazios.

168

Percebemos, talvez tarde demais, que a imaginação secular gerou como subproduto um vácuo de valores, cujas conseqüências são inúmeras e lamentáveis: competição social, angústia existencial, violência, terrorismo e devastação ambiental. Se não existem valores para manter os seres humanos unidos, não existem valores para manter as sociedades unidas. Se não há valores que considerem algo sagrado, tudo é profano e transformado em mercadoria, em objeto de exploração.

Em resumo, a situação angustiante da mente ocidental e o niilismo de sua cultura não são o resultado da exaustão mental do Ocidente. Longe disso. Ao contrário, o que ocorreu é que o Ocidente usou demais da sua energia expansiva, inquieta; sua situação angustiante deve-se a ideais incompletos e visões estreitas que a imaginação secular nos legou e que resultaram, por fim, na concepção mesquinha do homem como mero consumidor de bens e serviços.

Göethe e Blake podem ter estado entre os últimos homens a vislumbrar o que estava por vir: a tirania da visão incompleta. Porém, mesmo sua autoridade e suas visões proféticas não puderam parar a inexorável carruagem da imaginação secular. As mentes luminosas de Dostoievsky e Nietzsche foram reduzidas a vozes de desespero. Suas visões acabaram tornando-se uma antecipação de Kafka. Os Nietzsches e Rilkes foram atropelados pela carruagem do progresso material.

Que um homem com o gênio e a sensibilidade de Nietzsche, de profundo conhecimento e compreensão, pudesse endossar a idéia da morte de Deus — o que era útil para os materialistas — é, em si mesmo, um presságio da cegueira de toda uma época. Talvez Nietzsche não tenha realmente endossado a morte de Deus, mas sua antecipação daquilo que aconteceria contribuiu muito para o modo como as coisas de fato aconteceram. A lição disso é a que segue: não compartilhe suas visões sombrias com outros, porque assim pode estar incitando-os a torná-las uma realidade.

As vozes e as visões de Marx, Engels e Feuerbach deviam mesmo prevalecer, uma vez que eram uma extensão do espírito da imaginação secular que parecia gritar na época: "dê-me tempo, dê-me outro século inteiro e farei de todo o mundo um oásis de prosperidade, satisfação e felicidade".

E outro século passou. E a imaginação secular entrou em colapso e encontra-se agora totalmente falida. Quer tomemos sua corporificação ocidental como expressa no capitalismo combinado com o individualismo, ou sua variação comunista como expressa no socialismo combinado com o comunalismo, o imenso vazio da imaginação secular reverbera agonizante em nossas vidas individuais e sociais. Somos estonteantemente ricos em tudo, mas nossas vidas são vazias.

Todas as formas de niilismo (da atual cultura ocidental) podem ser examinadas até suas raízes na imaginação secular, que não reconhece outros deuses a não ser o próprio homem. A idolatria do homem que se torna Deus (e um Deus totalmente selvagem) é a causa de nosso desrespeito por outras criaturas da natureza, pela própria natureza, pelos poderes maiores do cosmo, por outros seres humanos e, finalmente, por nós mesmos.

Nosso problema, em última instância, não é econômico nem mesmo cultural, mas metafísico, religioso, escatológico; ao prefigurar metas limitadas para a existência humana, estreitando as perspectivas da vida do homem, limitamos o alcance e pervertemos o significado de nossa existência.

Nossa metafísica reduziu-se à física. Quer chamemos a isso fisicalismo ou empirismo lógico, o resultado é o mesmo: a rica estrutura dos andaimes transcendentais do homem foi reduzida a seus tijolos e argamassa físicos. O resultado é a miséria espiritual e a perda de uma grande variedade de aspectos da existência humana. Famintos da verdadeira substância espiritual, os seres humanos voltam-se para substitutos e falsos produtos. A recente explosão de cultos e charlatanismo de todo o tipo é o resultado de nossa fome espiritual.

É o resultado indireto do fato de que nossa racionalidade era muito restritiva, portanto sufocante, induzindo as pessoas a buscar a "libertação" seja de que maneira fosse.

A metafísica, que reduz a si mesma à física, gera sua própria morte. O fim da metafísica que os empiristas lógicos postularam e o fim da filosofia que Heidegger reconheceu foram os atos da capitulação filosófica frente à imaginação secular. Sob a bandeira do "fim da metafísica", muita metafísica de má qualidade e superficial foi praticada. A metafísica nunca poderá morrer enquanto os seres humanos estiverem vivos, em busca de significado para suas vidas e perplexos com as maravilhas do mundo. A metafísica pode, entretanto, ser pervertida ao ser reduzida à física e à economia.

Enquanto a economia for tida como o veículo da prosperidade humana e, na verdade, da salvação econômica, ela será uma forma de metafísica e de escatologia. Quando todos os valores são reduzidos aos econômicos, quando todos os bens humanos são explicados em termos econômicos, a economia torna-se matriz principal a dar significado à existência humana. Nesse sentido, a economia torna-se tanto metafísica quanto escatológica. Infelizmente, ao promover a economia e eficiência à condição de deidades, nós nos diminuímos e — como resultado — nos angustiamos.

Em última análise, o homem não pode viver somente através de relações econômicas. O colapso da imaginação secular corresponde exatamente ao colapso da economia como nossa deidade dirigente. Significa também o colapso do modelo escatológico que considera o objetivo da vida humana apenas em termos de satisfação material.

A imaginação secular está, neste momento, cavando sua própria cova. E nossa questão urgente é: para onde nos voltaremos agora a fim de obtermos alguma realização e uma nova inspiração? Podemos nos voltar para uma nova forma de imaginação, isto é, a imaginação transcendental, e para um novo modelo escatológico, que uma vez mais estará baseado em valores transcendentais e em nova concepção do homem, vivendo em simbiose com o restante do cosmo.

Reiterando, o homem não vive pela força das relações de produção (marxismo). O homem vive pela força das formas de consciência, a qual ele gera. O homem como criatura evolucionária é um animal construtor-de-consciência, um animal produtor-da-mente, um animal gerador-de-sensibilidades. Através da consciência tornamo-nos humanos; através da consciência vivemos; por uma consciência maior ansiamos e a ela aspiramos; uma consciência mais ampla será nossa salvação.

Ao criar novas formas de consciência, voltaremos a unir o homem com outras formas de vida (no modelo todo-abrangente de reverência pela vida), bem como religaremos o homem ocidental a outras culturas e a ele próprio. Temos de ser cautelosos, pois já ouvimos tantas vezes que "novas formas de consciência resolverão tudo", que algumas vezes essa mensagem parece inconsistente. Entretanto, tem um significado, pois o que mais pode neutralizar o mal-estar de nossa época? A reconstrução interna é muito mais difícil do que qualquer reconstrução externa, porque esta pode ser feita por máquinas, apoiada por outras pessoas. A reconstrução interna pode ser feita apenas através de cada um, a sós. Este é o árduo caminho. Nós, no Ocidente, não gostamos desse tipo de caminho. Não apenas os economistas e políticos, mas todos nós preferimos que a salvação venha de fora, através da reconstrução externa, de preferência através das maravilhas tecnológicas.

Não seremos capazes de superar a imaginação secular apenas consertando seus sintomas e chafurdando em sua substância decadente (adoramos afundar-nos em nossa própria decadência!). Podemos recomeçar, mas somente se recorrermos a uma nova forma de imaginação, na verdade, à imaginação como concebida por Blake.

Essa nova imaginação transcendental e suas conseqüências serão nada menos que uma nova religião. Essa religião, contudo, não estará enraizada nos dogmas do passado nem em instituições passadas, mas estará baseada em uma nova compreensão de nossa unidade com tudo o que existe; estará baseada em nossa reverência pela vida, que, em última análise, é reverência por nós próprios.

Não há saída para a religião concebida em termos mínimos, isto é, como um modelo escatológico de referência, dentro do qual o conceito da vida humana é justificado e as aspirações essenciais do homem são reconhecidas. Temos que fazer uma opção. Podemos escolher uma religião centrada em deuses limitados e selvagens, chamados *Technos* e *Economos*, que reduzem nossas vidas aos seus apoios físicos, negam nossos valores transcendentais e transformam a eficiência econômica em virtude máxima, ou podemos endossar uma religião baseada na compaixão e nas visões transcendentais do destino do homem, porque os horizontes humanos estão abrindo-se para abarcar o cosmo. A última escolha é a que deve ser feita, se quisermos exercitar nossa responsabilidade e nossa liberdade: responsabilidade pelo passado e liberdade para ter um futuro. O drama da nossa vida futura está sendo encenado agora no teatro de nossas mentes.

22

A Herança de Prometeu

Carl Jung teve a coragem de afirmar, contrariando o espírito cientificista e economicista do início do século XX, que os mitos sustentam mais nossas vidas do que a mera segurança econômica. Essa verdade tem sido crescentemente reconhecida nos últimos anos. Se o significado da existência humana é definido pela vida espiritual do homem, então podemos dizer que o homem vive apenas de mitos. Por mitos não quero referir-me às fábulas e aos contos de fadas, mas aos elevados símbolos que se encontram incrustados na subestrutura religiosa e cultural da vida das pessoas. Eles têm o poder de inspirar e transformar tanto indivíduos como sociedades.

Entre esses mitos, a história de Prometeu resplandece suprema, uma vez que é a personificação da evolução transformando-se a si mesma. Prometeu, como sabemos, rouba o fogo dos deuses e o oferece aos homens. Por isso, foi severamente punido por Zeus, sendo acorrentado a uma rocha, e tendo seu fígado comido por abutres. Os gregos tiveram um *insight* profundo da natureza das coisas: não há grande realização sem sacrifício. Entretanto, a herança de Prometeu deve ser perseguida da maneira certa. Devemos tomar de Prometeu aquilo que lhe é mais precioso, ilustre e permanente: sua coragem, comprometimento, responsabilidade, altruísmo, auto-sacrifício; sua compreensão de que a busca do progresso deve seguir passo a passo com a consciência do excesso de autoconfiança.

Devemos mudar toda nossa concepção de homem: afastarmo-nos do homem faustiano, que está pronto a sacrificar sua alma e todos os demais para obter o poder; afastarmo-nos do homem narcisista, que está totalmente absorvido em si mesmo, excluindo o mundo todo, e voltarmo-nos para o novo homem prometéico, iluminado e devorado pelo novo fogo de Prometeu. Essa imagem do homem é congruente com a evolução como um todo e com nosso próprio sentido de um destino mais amplo no cosmo. Nada foi realizado na natureza sem sacrifício. A evolução é uma chama autodevoradora, e assim devemos ser para atingirmos nossos destinos superiores.

Devemos estar conscientes de que a imagem de Prometeu foi manchada nas décadas e séculos passados. Os ciclopes do progresso material brutalizaram o legado sagrado do fogo espiritual. Quando vemos os vapores asquerosos, imundos e sulfúricos que cheiram à morte, podemos ter certeza de que não são produto do fogo de Prometeu, mas um resíduo dos moinhos satânicos. Contudo, a dialética da libertação é tão dolorosa quanto abundante em armadilhas. Ao liberar o fogo para o homem, Prometeu desagrilhoou nosso destino. A civilização tecnológica perverteu a natureza desse fogo e o tornou cada vez mais o fogo da destruição. Assim, Prometeu foi reagrilhoado. Não é o conteúdo do mito que está em falta, mas a perspectiva estreita dos profetas sem alma do progresso material, pois Prometeu representa o eterno mito da imaginação flamejante que está continuamente transcendendo seus próprios limites. Sempre que nos sacrificamos para o bem maior dos demais, somos mensageiros de Prometeu. E o que seria a humanidade sem esses mensageiros?

O novo fogo de Prometeu é o fogo da imaginação, a habilidade de voar para além, o desafio para reacender nossa humanidade, a compreensão do alcance total de nossa coragem e comprometimento, a determinação de nossa vontade de ser como Prometeu, sem o qual não teríamos o fogo nem muitos outros atributos que nos fazem humanos. O novo compromisso de Prometeu não é um grande sacrifício pessoal, mas uma reafirmação de nossa condição humana.

Viemos da luz e a ela devemos retornar, pois a luz é o início de tudo e é ela que tudo abastece. Sob o poder da luz ocorreram as grandes transformações cósmicas, que gradualmente nos levaram adiante. Todas as formas da evolução foram apenas vários estágios na transformação da luz.

Contudo, a dor da criação e da autotranscendência sempre é grande e, algumas vezes, torturante. A última coisa que Mozart ou Beethoven mereceriam era morrer em total miséria. O sofrimento de gênios tais como estes ou como Michelangelo, ao trazer tanto brilho a nossas vidas, sintetiza a beleza e a agonia da nossa condição humana. A agonia do vir-a-ser! Aqueles que mais transcendem também são os que mais sofrem. Nossas pequenas misérias existenciais deveriam ser vistas sob a perspectiva correta. Não há qualquer modificação interior sem algum sofrimento. Sem sofrimento não há transformação nem progresso.

Existe ainda outro elemento na história de Prometeu. Enquanto está acorrentado às rochas, Prometeu tem seu fígado devorado por abutres. Estes não sofrem, tampouco compreendem o sofrimento de sua vítima. Então, de fato, existe uma escolha: ser abutre ou Prometeu, tentar viver a partir dos outros ou doar aos outros sem restrições. Temos sido abutres com demasiada freqüência, mesmo que apenas inadvertidamente; quando o destino oferece a cada um de nós a oportunidade de sermos um Prometeu (mesmo que em pequena escala), devemos nos regozijar apesar dos abutres à nossa volta.

Os vereditos dos deuses eram inescrutáveis para os antigos gregos. Não devemos pensar que tudo é transparente na evolução. Noite e dia, trevas e luz, alegria e sofrimento — todos andam juntos, pelo menos neste mundo imperfeito e incerto. Atuar corajosamente, como Prometeu, é uma das raras alegrias do destino humano.

23

Monod e a Objetividade

A visão científica de mundo não precisa de qualquer deidade — é o que nos dizem. Contudo, a objetividade tornou-se uma deidade sacrossanta para a mente científica, um dos dogmas inquestionáveis. Já observei na introdução que a objetividade não pode ser objetivamente justificada. Entretanto, seu ideal é um dos veículos mais importantes que perpetuam a ideologia da ciência moderna. Na verdade, a própria objetividade tornou-se parte da ideologia da ciência. É interessante notar que a objetividade reivindica para si o *status* de total imparcialidade, enquanto busca desviar nossas mentes em uma direção unilateral. A questão da objetividade é muito importante, especialmente em virtude das visões de Jacques Monod (prêmio Nobel de bioquímica) serem consideradas de grande importância.

Monod tem sido um dos porta-vozes mais articulados da objetividade da ciência, e também um dos principais paladinos das idéias de acaso e necessidade como capazes de guiar e controlar toda a evolução. Em sua opinião, a ciência e a objetividade são instrumentos suficientes para a compreensão da evolução. Consideremos sucintamente a concepção da objetividade de Monod, que é a pedra angular de sua concepção de ciência. Ele escreve em *Chance and Necessity* — Acaso e Necessidade, 1972, pp. 30,31):

(i) "A pedra angular do método científico é o postulado de que a natureza é objetiva.

(ii) "Em outras palavras, a negação sistemática de que 'verdadeiro' conhecimento pode ser alcançado ao interpretar os fenômenos em termos das causas finais — isto é, de 'propósitos'.

(iii) "O postulado da objetividade é consubstancial com a ciência,

(iv) "e guiou a totalidade de seu prodigioso desenvolvimento por três séculos.

(v) "É impossível evitá-lo, mesmo de forma provisória ou em uma área limitada, sem que nos afastemos do domínio da ciência.

(vi) "A objetividade, entretanto, obriga-nos a reconhecer o caráter teleonômico dos organismos vivos. (Teleonômico, de teleologia, a doutrina das causas finais, a visão segundo a qual os desenvolvimentos devem-se a um propósito ou desígnio.)

(vii) "Aqui, portanto, pelo menos em aparência, jaz uma profunda contradição epistemológica".

Vamos agora examinar as várias contradições e incoerências da posição de Monod e mostrar assim que mesmo os grandes cientistas podem dizer absurdos quando se dedicam aos problemas que estão fora de seu próprio território. Ao discutir filosofia e metafísica, Monod não sabia do que estava falando.

É a natureza objetiva(i)? Em sentido comum, sim. Ao assumir certas atitudes (de separar alguns fenômenos de outros e ao examiná-los separada e microscopicamente), somos capazes de descrever muito bem certas partes da natureza. Isso é tudo o que existe na natureza? É óbvio que não. Pois existem totalidades integradas que a ciência, até agora, não pôde descrever. Além disso, é *possível* que existam outros fenômenos e relações que estejam totalmente fora da

180

compreensão da ciência; se existem, nunca poderemos encontrá-los através do atual aparato da ciência, porque ela, sistematicamente, exclui aquilo que está em discordância com seu universo. Assim, o postulado da objetividade passa a ser ou um dogma injustificado — quando reivindica que a natureza é apenas aquilo que a ciência descreve —, ou um postulado de fato muito modesto — quando reivindica que certos fenômenos são o sujeito da ciência física. No último caso, nossa meta é tão trivial que dificilmente seria digna de menção.

Ao afirmar (iii) que "o postulado da objetividade é consubstancial com a ciência", apenas repetimos uma tautologia ou um dogma; uma tautologia, se definirmos como científico aquilo que vai ao encontro das exigências do postulado da objetividade (seja o que for que se defina como postulado da objetividade); ou um dogma, se insistirmos que todo o conhecimento válido é ciência e que toda ciência deve estar baseada no postulado da objetividade.

Monod parece ter dado apenas uma formulação específica do postulado da objetividade, qual seja (ii), que não se pode alcançar "verdadeiro" conhecimento ao interpretar os fenômenos em termos das causas finais. Assim, a objetividade chega ao ponto de negar as causas finais, os planos mestres ou planos divinos, e a teleologia. A ciência é então definida de modo negativo; como aquilo que nega as causas finais. Este é, de fato, um campo muito modesto de atuação, e, por certo, insuficiente para transformar a objetividade, assim concebida, na base de toda a ciência, presente ou passada.

Até mesmo este modesto campo de ação está comprometido por algumas interpretações errôneas, pois não é verdade que o verdadeiro conhecimento não pode ser adquirido recorrendo às causas finais e à teleologia. O verdadeiro conhecimento, como Popper demonstrou, pode ser adquirido de todas as formas. Qualquer coisa pode ser uma fonte de co-

181

nhecimento. Não devemos confundir as fontes de nosso conhecimento, que são numerosas, com a justificação do conhecimento e, especialmente, com a justificação do conhecimento científico. Mesmo se formos generosos com Monod e acatarmos sua colocação de que existe algo como a objetividade, a qual poderíamos identificar com a estrutura ontológica do universo que a física assume e então explora, seremos obrigados a negar que esse postulado tenha guiado a prodigiosa expansão da ciência nos três últimos séculos. O desenvolvimento da ciência tem sido guiado por todo o tipo de princípios, entre os quais a idéia de plano mestre não foi a menos importante, tampouco a organização intencional da natureza por um Ser Onipotente — que vimos em Copérnico e Newton —; idéia esta que Monod deseja muito ansiosamente eliminar do domínio da ciência. E a história da ciência não dará apoio a Monod nem mesmo em sua contestação de que é impossível fugir dos princípios da objetividade sem que nos separemos do próprio domínio da ciência. A ciência é um assunto confuso, e todos os tipos de princípios e estratagemas são usados para obter *resultados*. Tome, por exemplo, o processo da descoberta do DNA como descrito por Watson. A reivindicação de Monod poderia se tornar válida se — e somente se — a objetividade fosse definida *como tudo o que acontece na ciência*. Neste caso, o postulado da objetividade é tão abrangente que fica sem sentido.

Encontramos dificuldades ainda maiores com o ponto (vi). Esta mesma "objetividade, entretanto, obriga-nos a reconhecer o caráter teleonômico dos organismos vivos". Por quê? Em que sentido? Do princípio da objetividade não se segue logicamente que temos de reconhecer o caráter teleonômico dos organismos vivos. A teleonomia não é derivada da objetividade. Ponto final. Temos que reconhecer o caráter teleonômico dos organismos vivos apenas quando reconhecemos organismos *vivos* e, especialmente, quando reconhecemos sua evolução. Há uma grande distância entre a objetividade como é encarada no domínio da física e o caráter teleonômico dos organismos vivos, sobretudo quando vistos em sua evolução.

A profunda contradição epistemológica que Monod menciona em (vii) surge apenas quando aceitamos o postulado da objetividade e o modelo físico determinista rígido que o acompanha e então nos vemos (no terreno da epistemologia aceita) incapazes de dar uma razão para o fenômeno da vida e, particularmente, para o fenômeno da evolução. Mas podemos resolver com facilidade as contradições epistemológicas de Monod ao dissolvermos a alegada universalidade do princípio da objetividade. Após tal dissolução, a ciência não desabará nem o universo entrará em colapso.

Minha crítica da objetividade nega o valor da ciência? De forma alguma. A criação da ciência foi uma das glórias da mente humana. Mas a objetividade não deve ser venerada como uma deusa, pois é apenas uma das muitas sensibilidades que desenvolvemos. A física newtoniana, com sua concepção de objetividade, tem sido uma das formas de compreender o mundo — uma forma inventada através da qual estivemos recebendo o mundo de um modo específico.

O conceito de objetividade da física newtoniana era, a bem da verdade, um produto específico da compreensão newtoniana do mundo. No decurso do desenvolvimento do paradigma físico e do desenvolvimento do modelo mecanicista, a objetividade, como capacidade específica da mente humana, tornou-se uma das formas de nossas sensibilidades: seca, abstrata, quantitativa.

A objetividade como atributo de nosso instrumento cognitivo não nos é dada de berço. Ao contrário, é-nos imposta no curso do aprendizado; é o resultado de um processo específico de condicionamento após o qual nos tornamos objetivos em nosso pensamento e percepção. Isso acontece, sobretudo, depois de termos gasto vários anos em um laboratório, tentando continuamente verificar e justificar o método objetivo de descrever o mundo. Assim, a objetividade é uma forma de sensibilidade. Através da objetividade estamos recebendo e lendo o mundo de modo específico — específico da física de Newton —; estamos de fato transformando ou co-criando o mundo dentro do modelo da mecânica newtoniana. Contudo, a visão de mundo newtoniana não está baseada no bom senso, está baseada nas afirmações metafísicas de Newton.

Outras formas de sensibilidade (conforme discutimos anteriormente) permitem-nos receber e transformar o mundo de acordo com modelos diferentes. Quando falamos sobre a recepção do mundo através de nossa sensibilidade, temos em mente não apenas nosso cérebro, mas o ser humano inteiro, dentro do qual toda a evolução está contida. O olho percebe, o sistema nervoso interpreta, a mente formula as percepções de acordo com os predicados da espécie e, dentro da espécie humana, de acordo com os princípios da cultura na qual uma determinada pessoa foi formada e condicionada. O ato da percepção em si, o ato do contato "visual" com o mundo, contém mais do que o discurso pode expressar. Esse ato em si incorpora muitas formas de sensibilidade que se encontram além das categorias intelectuais do cérebro. O ato da percepção é unitário, holístico e completo; sua decifração intelectual é parcial e abstrata, sempre um processo idealizado. A percepção de um carvalho solitário em meio a uma planície é uma experiência de prazer além de qualquer descrição lingüística. A objetividade é boa para o laboratório. Porém, os laboratórios muitas vezes fazem lobotomia em nossas mentes. Para viver plenamente, precisamos de um carvalho solitário impondo-se em meio a uma planície, com o qual podemos entrar em comunhão.

184

24

As Leis Cósmicas

A objetividade não é uma deidade intelectual! Não devemos venerar ídolos; devemos nos resguardar contra qualquer forma de deificação da compreensão humana. Uma delas — no lado oposto do espectro da objetividade — é a idéia de leis cósmicas que tudo governam.

O universo vivo não é governado por leis imutáveis. Se existem quaisquer leis na evolução, essas leis não são absolutas. A concepção de uma lei, estabelecida de uma vez por todas, está em contradição com a evolução considerada como transcendendo a si mesma. Se a evolução é emergente, novas articulações e novas leis governando sua existência serão inevitáveis. Leis absolutas significariam estagnação e mobilização. Há uma lei imutável na natureza, na evolução e no cosmo: a mutabilidade. "A natureza das leis da natureza muda". (Prigogine)

A estrutura do DNA poderia ter sido diferente. A estrutura de nossa compreensão poderia ter sido diferente. A forma de nossa cultura — se os persas e não os gregos tivessem saído vitoriosos no final do século V a.C. — teria sido diferente; o mesmo teria ocorrido com centenas de outros aspectos em nossa constituição.

No entanto, o universo não é feito de caprichos. Não somos meros fantoches sem coerência. Existem certas tendências e propensões na estrutura do cosmo bem como certas leis de mudança evolucionária. Certos desenvolvimentos conduziram eventualmente a outros.

Existem "bom *karma*" e "mau *karma*" e existem as conseqüências de cada um. Mas não há uma lei absoluta que governa tudo isso. Não é necessário usar o termo *karma* a fim de saber que existem conseqüências cumulativas para nossas ações, que tudo está associado causalmente e que às vezes desencadeamos novas cadeias de reações.

Se a evolução é emergente, não pode haver uma lei absoluta. Sim, existem certas tendências e inclinações, princípios gerais por assim dizer, de acordo com os quais se dão as transformações. Princípios não são leis cósmicas ou absolutas. Eles apenas nos obrigam a reconhecer a causa e o efeito em nossa própria vida e na vida do universo. Eles não nos forçam a reconhecer uma necessidade férrea imbuída no todo. O tipo de lei que governa o cosmo pode estar inteiramente além de nossa compreensão; tampouco podemos presumir que existe tal conjunto de leis. Por que deveria existir? Vivemos em um universo criativo, aberto, participativo. Se assim é, então não há necessidade para leis cósmicas. Reiteremos: se a evolução é criativa, emergente e autotranscendente, então não pode ser revestida por qualquer lei permanente, pois suas mutações e novas transformações são seu principal *modus operandi*.

Ainda assim, alguns imaginam as leis cósmicas como mais fundamentais do que a própria evolução. Em suas mentes, Deus estabeleceu uma estrutura e um conjunto de mecanismos dos quais tudo brota, através dos quais tudo se move e para os quais tudo retornará. Tal é o legado de muitas religiões. Esse legado é importante, pois auxilia a raça humana a articular a si mesma em termos espirituais. Entretanto, esse legado deve agora ser visto como história e não como substância, porque torna a evolução incoerente. Ao dizer, ou pelo menos sugerir, que existe um esquema como que revestido de ferro, estamos negando (pelo menos implicitamente) a natureza criativa, aberta e emergente da evolução.

Não há necessidade de nos agarrarmos a leis absolutas, mesmo se quisermos acreditar em um deus pessoal. O deus pessoal é o deus interior, através do qual articulamos a divindade em nós e na evolução. "Lei cósmica" é um código da idéia da transformação da matéria em espírito, uma metáfora ao invés de uma lei.

Grandes profetas e líderes espirituais do passado, tais como Moisés e Zoroastro, conceberam o universo como uma gigantesca ordem cósmica, dotada de fontes inexauríveis de energia e conhecimento. O caminho harmônico do homem, ou seu viver de acordo com a lei, é a sua compreensão da teia e sua habilidade de tecer-se a si mesmo nesta tela cósmica da qual obtém apoio e alimento. As forças que trabalham em favor dos seres humanos no caminho do auto-aperfeiçoamento foram chamadas de anjos por Moisés e seus seguidores. Todos os elos que associam a consciência do homem aos "anjos" podem ser considerados como o domínio da lei cósmica. Portanto, haverá um lugar para uma lei cósmica (que pode ser identificada com Deus) enquanto tivermos em mente que o que chamamos "Deus" ou "lei cósmica" é uma forma de conferir significação simbólica às forças naturais da evolução. Estas é que se transformam naqueles campos de energia/consciência conhecidos por nós como cultura, espiritualidade e religião.

25

Sobre Platão, Kant e a
Nova Unidade Cosmológica

Uma das grandes questões da filosofia ocidental tem sido: como podemos assegurar simultaneamente a objetividade do conhecimento e a legitimidade moral, de forma que nossas mentes movam-se no universo da ordem enquanto nossos corações habitam no universo da compaixão? O universo da compaixão não deve ser considerado apenas como subjetivo, mas como fundamentado em um plano mais amplo do cosmo. Tanto a ordem da mente quanto a ordem do coração devem ter um embasamento cósmico comum.

A resposta de Platão a esse dilema foi a invenção das formas, absolutas, infindáveis, imperecíveis, subjacentes à existência de todos os objetos e de toda a virtude. Para ele, todo aprendizado é apenas o reconhecimento, por parte da alma, daquele conhecimento que ela possuía antes de tornar-se corporificada. Quando a alma encarna, "é contaminada com a imperfeição de nosso corpo"; esquece então, em parte, o conhecimento que possuía originalmente, mas é lembrada disso através de cópias terrenas da forma. Assim, todo conhecimento é "recordação" (*anamnesis*). Tudo que aprendemos é o desvelamento daquilo que conhecíamos; é o afastamento das nuvens de obscuridade trazidas por nossos sentidos e armadilhas corporais, de tal forma que a alma possa ver novamente.

O conhecimento correto significa, para Platão, o reconhecimento de todo o plano da criação, inclusive de nosso lugar nele — nossos deveres e responsabilidades. Ao reconhecer a verdadeira natureza do mundo, a alma reconhece o caminho da "vida reta" e o lugar da virtude nela.

A objetividade da moral e a confiabilidade do conhecimento do homem são alcançados através dos mesmos meios: a apreensão, pela alma, das formas subjacentes, que garantem a ordem da existência exterior ao homem e também a ordem moral.

Vinte e dois séculos depois de Platão, Emmanuel Kant examinou o mesmo problema cardinal: como podemos assegurar a objetividade da moral e a confiabilidade do conhecimento? No entanto, ele observou que existem diferentes bases para assegurar cada uma delas. A lei moral deveria estar embasada na soberania do homem, que é única e independente do universo físico. Kant encontrou bases objetivas para a confiabilidade do conhecimento na estrutura fixa da mente, a qual, através de suas categorias inalteráveis e permanentes (impostas ao mundo), faz o mundo agir de acordo com sua própria ordem.

A descoberta de Kant de que a mente molda a realidade de acordo com suas próprias estruturas representou tal revelação para ele que veio a denominá-la "a segunda revolução copérnica". De fato, se o compararmos com Platão, percebemos que toda a base moveu-se — das formas, existentes de modo independente da mente, para a mente em si, na qual essas formas, sob a guisa de categorias, residem. Desse modo, a ordem do conhecimento não é garantida pelas formas (existentes de modo independente da mente) mas pela própria estrutura da mente.

Contudo, permanecia este outro problema: o que fazer com a moralidade humana, que Kant não desejou subordinar às leis mecanicistas da ciência. Ele declarou que a moralidade permanece na soberania do indivíduo e é governada unicamente pelo imperativo da moral humana, cuja formulação resumida é: nunca trate outro ser humano simplesmente como um meio, mas sempre como um fim. O plano geral de Kant poderia ser formulado como segue: o céu estrelado sobre você — conforme estruturado pela mente e apreendido pelas leis da ciência; e a lei moral dentro de você — conforme guiada pelo imperativo moral.

Dois séculos depois de Kant, devemos encarar o mesmo dilema, pois, como resultado do reino do empirismo, herdamos um mundo estraçalhado no qual tudo está em pedaços, do qual "toda a coerência afastou-se". Devemos trazer novamente alguma coerência para o mundo. Tentar trazer uma nova coerência não é apenas uma exigência da mente, que não pode suportar o universo de incoerência e caos; mais importante que isso, é uma necessidade existencial do homem, que precisa pertencer a algo maior que ele próprio, e que quando isso não ocorre sente-se alienado e paranóico. As necessidades de coerência e de pertencer a algo maior estão entre as necessidades básicas do homem; sua satisfação é tão importante quanto a satisfação da necessidade de abrigo e alimento. No nível espiritual, o pertencer a algo maior é nosso abrigo, a coerência nosso alimento.

Platão tentou estabelecer a unidade do conhecimento e da moral voltando-se para baixo, associando as coisas às formas subjacentes. Dentro do modelo evolucionário, estamos estabelecendo esta unidade voltando-nos para cima, observando como o processo de vir-a-ser molda a diversidade da existência em novas formas ontológicas e espirituais.

A evolução, concebida como a articulação do vir-a-ser à medida que passa à existência, pode ser representada por uma série de telas que mostram o processo de cristalização das potencialidades latentes em reais estados de existência. O vir-a-ser é a passagem da não-existência para a existência. Os atributos através dos quais a existência articula a si mesma são, por assim dizer, as flores visíveis da árvore do vir-a-ser.

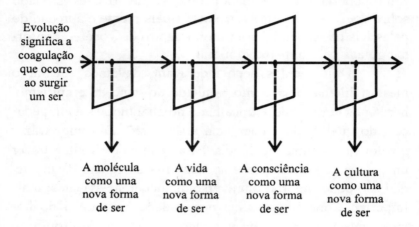

Na ausência da forma "exterior", que é a base de nossa moral, como deveríamos refletir sobre as "raízes" de nossa moralidade? O termo raízes pode ser impróprio, pois evoca algo sólido, enraizado em uma base. Como, então, poderíamos refletir sobre *os fundamentos* de nossa moralidade? Novamente, o termo *fundamentos* é limitado, visto que pressupõe alguma base imóvel, muito semelhante à imagem da forma de Platão. A moralidade concebida como expansão evolucionária poderia ser considerada como o desabrochar de uma flor. As raízes são necessárias para a flor ser nutrida. Mas as raízes não florescem, apenas a flor o faz, quando todas as condições para sua expansão são adequadas.

A moralidade concebida como o florescimento da espécie humana significa simplesmente que, no processo do vir-a-ser, a espécie adquiriu as sensibilidades que lhes permitiram, através de seus indivíduos, atuar como agentes morais responsáveis. A frágil flor da moralidade desabrocha apenas em condições adequadas, como uma flor delicada e exigente.

Para criar essas condições adequadas, temos que garantir que o processo do vir-a-ser seja corretamente articulado, isto é, que se expanda ao produzir a sensibilidade chamada senso moral. Assim, o processo correto de vir-a-ser é o que garante nossa moralidade.

A essência da existência é uma articulação do vir-a-ser induzida pelo tempo. Evolução é vir-a-ser que explode continuamente em existência. Suas formas são as flores do vir-a-ser. Na própria idéia da existência, que é gerada através da articulação do vir-a-ser, encontramos a objetividade subjacente da moral e do conhecimento.

No nível do conhecimento, a articulação correta de nossas mentes conduz à sensibilidade chamada pensamento conceitual e, além disso, ao pensamento crítico. Formam juntos o espaço para a aquisição e seleção do conhecimento. Na verdade, nosso conhecimento é aquilo que este espaço (a sensibilidade conceitual especial da mente) é capaz de acomodar.

Há, portanto, uma unidade entre o real e o moral, como postulou Platão. Entretanto, acontece em um nível e em uma estrutura diferentes do que os concebidos por Platão. O processo de articulação da evolução é garantia da validade das formas de vida; é também garantia da objetividade da moral e da confiabilidade do conhecimento, que não são meramente subjetivas, mas que encontram alguma ratificação na natureza, na forma como as coisas são.

Neste processo evolucionário de articulação, não podemos esquecer o papel da mente interativa. Essa mente interativa é a expressão da soma total de sensibilidades que entram em sua criação, como já foi discutido. Essas sensibilidades são filtros através dos quais a mente vê e recebe a realidade. A mente está *dentro* da realidade e, ao mesmo tempo, é parte da realidade que a cerca. Como a luz interior, ela ilumina a realidade; ao iluminar, articula-a; ao articular, co-cria.

Façamos uma representação: Mente I — mente no sentido restrito; Mente II — o subtotal de todas as sensibilidades das quais a Mente I é constituída; Mente III — realidade dentro da qual tanto a Mente I quanto a Mente II residem. Estas são mostradas como três esferas concêntricas (I, II e III), cada uma fundindo-se com a seguinte, e cada uma sendo um aspecto das outras duas. A Mente I ou discursiva é o que costumamos chamar de cérebro, o agente da cerebração abstrata, resumida pelo pensamento lógico. A Mente II inclui a intuição, o pensamento através dos olhos e todas as outras sensibilidades que nos fazem saber, nos vários sentidos do termo. A Mente III é a extensão última das Mentes I e II, uma vez que interagem com "a substância do universo" e a transformam naquilo que pensamos e sabemos.

Dizer que a realidade é uma forma da mente pode chocar alguns como uma liberdade semântica injustificada, mas não o é. Assim como a mente é parte do real, também a realidade é parte da mente.

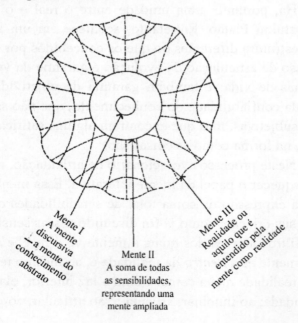

Mente I
A mente discursiva
— a mente do conhecimento abstrato

Mente II
A soma de todas as sensibilidades, representando uma mente ampliada

Mente III
Realidade ou aquilo que é entendido pela mente como realidade

A esfera I e a esfera III são aspectos uma da outra. Considere a seguinte afirmação: "a simetria deste cravo rosa pálido é um belo fenômeno". À medida que nosso cravo é um "fenômeno", pertence à esfera da realidade (esfera III). À medida que é "simétrico", "rosa pálido" e "belo", pertence à esfera da mente (esferas I, II). À medida que fizermos uma declaração verbal sobre ele, pertence à esfera da mente discursiva (esfera I). À medida que apreciamos sua beleza total, pertence à esfera das sensibilidades (Mente II). Cada uma de nossas afirmações sobre a realidade transcende essa realidade, pois a realidade em si pertence à esfera da mente.

A esfera III (realidade) é mente, mas não no mesmo sentido que o é a esfera I (verdadeiro). Entretanto, dentro da esfera da própria realidade, dificilmente podemos encontrar duas coisas diferentes que sejam reais no mesmo sentido.

O diagrama que mostra as três esferas fundindo-se uma na outra procura transmitir a unidade evolucionária essencial de nossa cosmologia. A Mente I e a Mente III são aspectos uma da outra, todavia, ao mesmo tempo, exibem diferentes estágios e modos de articulação da evolução. A Mente I, sendo de origem mais recente, incorpora a Mente III, que proveu o material para a criação da Mente I; mas a Mente I, por sua vez, dá sentido humano para a Mente III.

Nossa linguagem, dominada pelos preceitos do empirismo, dificulta a expressão da nova unidade cosmológica, que vai claramente contra sua natureza. Devo, portanto, recorrer aos poetas.

William Blake diz:

Mas aos olhos do homem de imaginação,
A natureza é a própria imaginação.
COMO O HOMEM É, ASSIM ELE VÊ.

O poeta persa do século XIII, Mahmud Shabistari, expressa percepções análogas;

O mundo tornou-se um homem, e o homem, um mundo.
Não existe explicação mais clara do que essa.
Quando se examina bem a raiz da matéria,
Serão ao mesmo tempo vistos,
O olho que vê e aquilo que é visto.

O poeta E.E.Cummings diz: "é sempre a mais bela resposta que faz a pergunta mais difícil". Em vez de nos fazermos perguntas insignificantes em um sistema referencial antiquado — pois o empirismo é um sistema referencial antiquado —, devemos ter a coragem de nos colocar novas questões audaciosas, pois no sentido delas reside nossa salvação. A pergunta que tenho feito a mim mesmo é: podemos ter esperança de que desenvolveremos uma nova cosmologia unitária, concebida de tal forma a tornar o universo um lar para o homem, que possa prover as bases para nossa reconciliação com a natureza, bem como esclarecer os aspectos contraditórios do conhecimento científico atual — e que, ao mesmo tempo, possa fornecer o esboço de uma nova teoria da mente? A resposta é: sim. Essa resposta, quando articulada, significa uma nova cosmologia, uma nova concepção da mente e uma nova concepção da realidade[13].

Neste capítulo, examinei o papel da mente no universo do vir-a-ser. O vir-a-ser do universo é inseparável do vir-a-ser da mente. Essa percepção está em perfeita harmonia com as novas visões ontológicas desveladas para nós pela atual física das partículas, que abandonou a rígida estrutura newtoniana determinista e reconhece que, no nível primordial de análise, o observador e o observado fundem-se inseparavelmente.

---

[13] Veja também meu livro: *Eco-Philosophy, Designing New Tactics for Living* (Eco-Filosofia, Projetando Novas Táticas para Viver), Boston, Marion Boyars, 1981, especialmente capítulo 3.

Esboçarei algumas conclusões gerais. Não existe realidade objetiva no sentido absoluto, como não existe algo que se assemelhe à objetividade independentemente de nossas faculdades cognitivas. Não fotografamos essa (pretensamente objetiva) realidade em nossas teorias científicas. Podemos desdobrar todo o processo em três componentes: a realidade exterior, o processo de fotografá-la, e o processo de revelar os negativos, ou seja, o processo de formulação de teorias e do conhecimento. Esses três são aspectos uns dos outros, não podem ser separados, uma vez que definem e constituem uns aos outros. A natureza de nossa mente é a natureza de nosso conhecimento e é a natureza de nossa realidade. (Tente ser uma ameba e "pensar" em como seriam seu "conhecimento" e sua "realidade".)

Estou consciente de que proponho algumas noções bastante desconfortáveis. Mas a história da ciência moderna tem sido a história das noções desconfortáveis e improváveis que posteriormente passaram a fazer parte da base de nossa compreensão da "realidade". Nosso universo é o do vir-a-ser; o universo das qualidades emergentes, de novas formas de compreensão, as quais, ainda que à primeira vista apareçam como choques conceituais, após certo tempo transformam-se em novas percepções que iluminam a natureza das coisas.

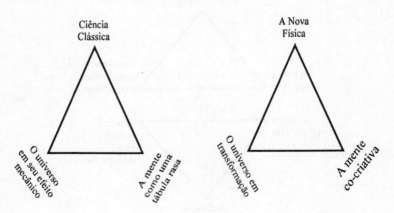

Em toda cultura há uma profunda unidade entre o conceito de realidade, o conceito de conhecimento e o conceito do que seja a mente. Os três estão ligados em uma relação de co-definição triangular. Isso pode ser observado também na cultura ocidental dos últimos três séculos. Se contrastarmos a física clássica com a atual, podemos representá-las por meio de dois triângulos.

Dentro da tradição empírica, a mente é concebida como tábula rasa, uma folha de papel em branco sobre a qual as experiências realizam todo o trabalho. Há uma congruência entre o universo estático e morto, que o empirismo postula, e seu conceito da mente estática, inteiramente passiva. Com a redescoberta do universo do vir-a-ser, que a nova física sustenta em uma variedade de formas, o papel da mente deve necessariamente ser redefinido.

Deveríamos estar conscientes de que, em nossos dias e em nossa era, os dois triângulos coexistem no mundo do pensamento, mas de uma maneira muito confusa, que está causando — através das discrepâncias que gera — muito estresse conceitual e uma certa paranóia intelectual, para não mencionar o senso perdido de pertencer a algo maior.

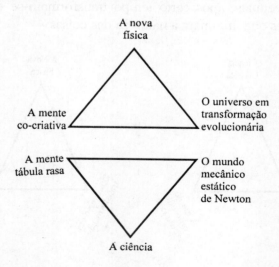

A teoria ecológica da mente deseja eliminar essa paranóia, uma vez que nos encoraja a tomar posse da nova liberdade na qual, desancorados das praias do determinismo, poderemos flutuar através do novo universo em expansão auxiliados pela nova imaginação transcendental, poderemos descobrir novas formas de compreensão que os filósofos e cientistas jamais sonharam em suas torres de marfim acadêmicas, racionais, estreitamente concebidas.

A emergência da mente é um dos mistérios perpétuos. Conceber a mente como um mistério é menos misterioso e menos mistificador do que sustentar que ela é um mero cérebro funcionando apenas de acordo com leis fisiológicas e mecanicistas, pois significa admitir que o mistério é parte da ordem natural das coisas. A mente e a imaginação estão ligadas. A natureza da imaginação oferece-nos um indício mais penetrante para a compreensão da mente do que uma centena de estudos neurofisiológicos. A natureza da imaginação é maravilhosamente misteriosa. E é maravilhosamente misteriosa a qualidade do universo que a mente e a imaginação oferecem-nos. O mundo, a mente e o ser humano são sempre oferecidos juntos. Como diz o astrofísico John Archibald Wheeler: "o universo não existe 'fora', independente de nós. Estamos envolvidos de forma inevitável na criação daquilo que parece estar acontecendo. Não somos apenas observadores. Somos participantes. Em algum estranho sentido, este é um universo participativo". Participar é contribuir. Participar é ser responsável. Responsabilidade, como um atributo de nossa humanidade, funde-se com a intoxicante liberdade que herdamos, uma vez que permitimos nossa mente participativa e co-criativa expandir-se ao desenvolver novos níveis e aspectos da realidade.

26

Glória à Evolução

Glória à Evolução! À medida que se expande nos cria. À medida que somos criados, nós a expandimos ainda mais.

A evolução não é cega; tampouco está sujeita a leis rígidas e deterministas. É um processo de contínua articulação. Cada articulação é um processo de criação. Após isso ter ocorrido, o mundo modificou-se, tornou-se mais rico.

E assim é com a articulação de nossas mentes. Cada articulação modifica-nos em seu processo. Ao nos articularmos, tal como as flores, chegamos a um certo auge, e percebemos nosso potencial nos planos biológico, intelectual e espiritual ou cósmico.

Precisamos desenvolver novas formas de sensibilidade. Precisamos mais amor: dar e receber. Precisamos ser nutridos por novas fontes de imaginação que iluminem e transformem, que dêem origem a novas sensibilidades de pensamento e sentimentos.

O caminho será longo e árduo. Acarretará muita dor a cada articulação e a cada criação, pois o esforço de superar a inércia das coisas existentes é doloroso. Cada nova articulação é outro aspecto da história de Prometeu. A alegria da expansão e a dor do sacrifício são inseparáveis. No entanto, há uma glória nesta dor e dificuldade: a glória de transformar o brilho obscuro em nós em um brilho maior. Nossa liberdade é a de fazer a escolha certa; nossa necessidade é a de aceitar o divino. "Quem age de acordo com as coisas divinas é considerado por nós habilidoso e sábio" (Eurípedes).

O que dizer então da felicidade? Da felicidade humana, isto é, aquilo que todos nós desejamos? A felicidade chega sem ser convidada, quando estamos prontos para ela. Como podemos ficar prontos para ela? Ao não lutarmos conscientemente para alcançá-la. Portanto, não devemos nos esforçar. Só podemos chegar à felicidade enquanto nos esforçamos por outras coisas. A felicidade não é um estado fixo de ser; é um estado de perpétuo vir-a-ser. Não pode ser planejada. Quando a felicidade chega, não estamos mais conscientes da luta por ela.

Pelo que devemos lutar? Pelo significado da vida, a plenitude que está além de nosso eu individual, egoísta. Somos tão grandes quanto as causas a que aspiramos. Grandes causas elevam-nos e fazem-nos transcender nosso pequeno eu. Grandes causas preenchem-nos com reverência e infundem-nos dignidade, que são componentes necessários para uma vida valiosa. Devemos nos esforçar ao máximo no serviço aos outros, na causa do altruísmo; fundirmo-nos com o esquema mais amplo das coisas ao compreender que o destino humano é feito de estrelas e não de barro comum apenas. E então nossa vida será elevada, e nossa existência, ampliada. E talvez, como produto derivado, cheguemos à felicidade.

O que é felicidade? Não é um estado de satisfação sensual nem de conforto físico estimulante, mas um estado de brilho interior que será reconhecido cada vez mais, à medida que nos aproximarmos dele. A felicidade é estar em paz consigo mesmo enquanto o eu está unido com uma ordem mais ampla.

As pessoas verdadeiramente abençoadas, os gigantes do pensamento e do espírito humanos, tais como Gandhi, Albert Schweitzer ou Madre Teresa de Calcutá, não buscaram a felicidade. Ainda assim, encontramos suas vidas radiantes, inspiradoras e plenas, a serviço das grandes causas, a serviço dos demais, a serviço dos ideais maiores, que dão sentido — e só eles dão sentido — ao destino humano.

O conceito de felicidade deve ser abandonado, pois costuma ser uma armadilha que esconde uma ilusão egocêntrica. O caminho para a felicidade é perder nosso ego e ambição e adquirir uma visão e uma missão. Ambas, a visão e a missão, devem ser congruentes com a expansão evolucionária, pois nada há fora dos limites da evolução.

Glória à evolução, pois a evolução é Deus. Deus é evolução realizando a si mesma; transformando-nos em fragmentos cada vez mais radiantes de divindade. Somos Deus em formação. Aprendemos o significado de Deus no processo de tornarmo-nos um. "Em verdade, aquele que conhece Deus torna-se Deus" (*Mandukya Upanishad*). O aspecto quase terrível dessa compreensão não deve ser uma licença para a arrogância, mas um convite à humildade. Busquemos a luz enquanto estamos conscientes da escuridão à nossa volta. Celebremos a vida ao mesmo tempo em que estamos conscientes da agonia presente na sua evolução. Abracemos Deus enquanto estamos conscientes de que, no momento, somos apenas humanos. Oh, vivamos em alegria, na luz, entre aqueles que tateiam na escuridão.

Outros livros para viver melhor:

Yoga — A Arte da Integração
Rohit Mehta

O leitor tem agora, pela primeira vez em português, um dos comentários mais originais dos *Yoga-Sutras* de Patañjali, obra clássica que codificou o Yoga no século VI a.C. Rohit Mehta aborda o tratado de Patañjali sob a influência do ensinamento de Jiddu Krishnamurti. Superando visões mecanicistas do Yoga, ele convida o leitor à "dissolução meditativa dos centros de reação da mente", para alcançar *sua própria natureza original*.

Meditação, um Estudo Prático
Adelaide Gardner

A meditação é a arte de ser, e, neste livro, Adelaide Gardner focaliza a naturalidade deste estado de consciência e a grande utilidade que ele pode ter. Atualmente, há pouca dúvida de que uma consciência calma e concentrada pode aprofundar nossa percepção da vida e permitir a obtenção de um grau maior de paz interior. Esta obra evidencia isto. Tem sido usada por dezenas de milhares de indivíduos e vem recebendo o reconhecimento de inúmeros leitores. É recomendada por seu enfoque prático e fácil — como uma ótima diretriz para práticas meditativas adequadas. O livro inclui exercícios que você pode fazer sozinho ou com amigos.

Aspectos Espirituais das Artes de Curar
Compilado por Dora van Gelder Kunz

Dora van Gelder Kunz, compiladora desta obra e também autora de *A Aura Pessoal*, é co-autora juntamente com a neurologista Dra. Shafica Karagula, de *Os Chakras e os Campos de Energia Humanos*. Nasceu clarividente e desenvolveu seus dons em associação com C.W. Leadbeater, renomado autor de *Os Chakras* e de *O Homem Visível e Invisível*. Com vários anos de experiência nas artes de curar, desenvolveu a técnica do toque terapêutico com a Dra. Dolores Krieger e foi também presidente da Seção Norte-Americana da Sociedade Teosófica.

Temas tais como "o futuro da medicina", "a influência do inconsciente na cura", "terapia e *karma*", "encontrando a mensagem da doença", "o toque terapêutico como meditação", etc; são aqui apresentados para auxiliar o leitor no caminho do autoconhecimento e da cura de si mesmo.

Investigando a Reencarnação
John Algeo

A obra apresenta ao leitor um estudo imparcial sobre a reencarnação a partir da psicologia, da parapsicologia, e das tradições filosóficas comparadas, em conformidade com o conhecimento científico contemporâneo.

John Algeo — em uma linguagem acessível que surge da objetividade com que trata temas profundos — comenta nesta obra algumas das perguntas mais freqüentes: o que reencarna? Nosso corpo físico? Nosso corpo emocional ou mental? Ou nossa consciência? Quanto tempo decorre entre uma vida e outra? Onde nasceremos da próxima vez? Por que reencarnamos? O que acontece conosco após a morte?

A Chave para a Teosofia
H.P. Blavatsky

Em *A Chave para a Teosofia* — livro atual e desafiador mais de um século depois do seu lançamento — Helena Blavatsky torna acessíveis, sob a forma de perguntas e respostas, os ensinamentos fundamentais da sabedoria divina. O livro aborda questões como os mistérios do homem, o ciclo da vida e da morte e o seu propósito, a predestinação e o livre-arbítrio. Esta obra simples e profunda revela parte substancial da sabedoria eterna de onde nasceram, e onde se realimentam, todas as grandes religiões do mundo.

Consciência e Cosmos
Menas Kafatos & Thalia Kafatou

Nesta obra, Menas Kafatos e Thalia Kafatou correlacionam a experiência externa dos mais recentes desenvolvimentos científicos da Teoria Quântica e da Cosmologia com o pensamento oriental, sustentando que os reinos do mundo objetivo e da consciência subjetiva são aspectos complementares da mesma realidade.

Enquanto nossa pesquisa externa investiga o mundo objetivo, exterior, nossa busca interior dirige-se àquele nível de consciência implícito em toda a experiência subjetiva — tema central da tradição mística.

A Visão Espiritual da Relação Homem & Mulher
Scott Miners, org.

Nesta obra coletiva, os autores escrevem francamente acerca das motivações profundas, e às vezes transcendentes, que estão por detrás da atração sexual, concentrando-se nas características presentes em diferentes culturas e religiões.

O livro inclui textos de autores como J. Krishnamurti (*Sobre o Sexo*), Viktor Frankl (*A Despersonalização do Sexo*), Gina Cerminara (*Sexo nas Leituras de Edgar Cayce*), Clara Codd (*Um Outro Aspecto do Sexo*), Hazrat Inayat Khan (*A Paixão*), Herbert Guenther (*A Polaridade Masculino-Feminino no Pensamento Oriental*), Sri M.P. Pandit (*A Dimensão Espiritual da Revolução Sexual*), Renée Weber (*A Escada do Amor de Platão*), entre vários outros.

A Tradição-Sabedoria
Pedro Oliveira & Ricardo Lindemann

A obra apresenta uma investigação — a partir de paralelos com a ciência contemporânea — sobre questões básicas da existência como a lei do *karma,* a natureza humana e sua constituição, e as possibilidades evolutivas no ser humano e no Cosmo.

O avanço da ciência contemporânea provocou uma redescoberta das tradições do pensamento filosófico-religioso da antigüidade, e o livro *A Tradição-Sabedoria* coloca ao alcance do leitor uma visão integrada do homem e do universo.